Mosaik

# Vorwort

Die Schwaben essen gerne gut und vor allem nicht zu knapp. „Liaber meh esse, als z'wenig trinke", regt ein schwäbisches Sprichwort augenzwinkernd an. Feine und deftige Süpple, pikante Fleischgerichte, Kuchen in allen Variationen sorgen für Abwechslung. – Und dann natürlich die weit über die Grenzen hinaus berühmten Spätzle und Knöpfle, sozusagen die schwäbischen Wappensymbole.
Aus Flüssen und Seen kommen feine Süßwasserfische wie Blaufelchen, Forellen und Hechte. Frisches Gemüse, vor allem Spargel, ist reichlich vorhanden. Die schwäbische Hausfrau kann also aus dem vollen schöpfen und ihre Familie und Gäste verwöhnen mit Laubfröschen und Kalbsvögerl, Maultaschen und Ofenschlupfer, Flädle, Riebele, Springerle und Horaffen.
Was sich hinter diesen blumigen Bezeichnungen verbirgt, finden Sie, lieber Leser, als Rezepte in diesem Buch.

# Suppen und Süpple

# Riebelesüpple

**Zutaten für 4 Personen**

**2 Eier**
**1 Eigelb**
**250 g Mehl**
**Salz**
**1 1/2 l gute, selbstgemachte Fleischbrühe**
**1 Bund Schnittlauch**

Was ein richtiger Schwabe ist, kann und will an keinem Tag auf seine Suppe verzichten. Suppen gehören für ihn zu einem anständigen Essen wie die Butter aufs Brot. Die Riebelesuppe wird mit einem festen Nudelteig zubereitet, den die schwäbische Hausfrau auf einem groben Reibeisen zu den sogenannten „Riebele“, also Bröseln, zerreibt.

Aus Eiern, Eigelb, Mehl und Salz einen festen, aber elastischen Nudelteig kneten. Den Teig eingewickelt 1/2 Stunde ruhen lassen. Dann auf einer groben Reibe über einem ausgebreiteten Küchentuch gleichmäßig zu Bröseln reiben. Die Brösel trocknen lassen.
Die Fleischbrühe zum Kochen bringen und die Riebele einstreuen. 5 Minuten aufkochen lassen und die fertige Suppe in eine Terrine füllen. Mit Schnittlauchröllchen bestreut auftragen.

# Fleischspätzlesuppe

**Zutaten für 4 Personen**

**200 g Mehl**
**2 Eier**
**Salz**
**150 g zweimal durchgedrehtes, gebratenes Fleisch**
**1 l Fleischbrühe**
**1 Bund Schnittlauch**

Mehl mit Eiern, Salz, etwas Wasser und dem Fleisch zu einem geschmeidigen Teig mischen. Gut durcharbeiten. In die kochende Fleischbrühe schaben oder mit dem Spatzenhobel einreiben. Wenn die Spätzle an der Oberfläche schwimmen, sind sie gar.
Die fertige Suppe in eine Terrine füllen und mit Schittlauchröllchen bestreut auftragen.

# Knöpflesuppe

Knöpflesuppe wurde in Schwaben schon um die Jahrhundertwende zubereitet. Man füllte damals den dünnflüssigen Teig in eine über dem Kochtopf angebrachte spezielle Maschine, die mit einer Walze versehen war. Mit der Walze wurde der Teig gleichmäßig in die kochende Flüssigkeit gedreht. Heute gibt es diese Spezialmaschinen nicht mehr. Daher läßt man den Knöpfleteig durch ein groblöcheriges Sieb in die Suppe laufen.

**Zutaten für 4 Personen**

**Für die Knöpfle:**
**50 g Mehl**
**2 Eier**
**Salz**
**geriebene Muskatnuß**
**Außerdem:**
**1 l Fleischbrühe**
**1/2 Bund Petersilie**

Mehl, Eier, Salz und Muskat in eine Schüssel geben. Gut rühren. Der Teig soll dünnflüssig sein. 30 Minuten quellen lassen.
Fleischbrühe in einem Topf zum Kochen bringen. Teig durch ein groblöcheriges Sieb in die kochende Brühe laufen lassen. Wenn die Knöpfle an der Oberfläche schwimmen, sind sie gar. Das dauert etwa 3 Minuten.
Petersilie mit kaltem Wasser abbrausen, mit Haushaltspapier trockentupfen und fein hacken. In 4 Suppentassen verteilen, heiße Brühe mit den Knöpfle drübergießen. Sofort servieren.

# Fleischsüpple mit Butternocken

**Zutaten für 4 Personen**

**20 g Butter**
**1 Eigelb**
**30 g Mehl**
**Salz**
**Muskat**
**1 Eiweiß**
**1 l Fleischbrühe**

Butter schaumig rühren. Erst das verquirlte Eigelb, dann nach und nach das Mehl reingeben. Mit Salz und Muskat würzen. Eiweiß steif schlagen. Unterheben. Fleischbrühe aufkochen lassen. Mit einem Teelöffel vom Teig Nocken abstechen. 10 Minuten in der Suppe garziehen lassen. Die Suppe darf nicht kochen.

Butternocken schmecken besonders gut, wenn sie in einer selbstgemachten Hühnerbrühe serviert werden.

# Kräuter-Flädle-Suppe

Mit den Flädle ist es ein bißchen verwirrend. Schwaben sagen: Das sind Eierkuchen, die man gefüllt oder ungefüllt mit Beilagen reicht. Sie sagen aber auch Flädle zu den in feine Streifen geschnittenen Eierkuchen, die sie als Einlage in Bouillon reichen. Flädle als Suppeneinlage sind das, was die Österreicher Fritatten nennen. Man kann Flädle heute schon fertig kaufen. Aber das würde keiner Schwäbin einfallen. Sie wissen nämlich: Selbstgemacht schmecken Flädle am besten.

**Zutaten für 4 Personen**

**$1^1/_2$ l klare Rindfleischbrühe**
**Kräuterflädle:**
**60 g Mehl**
**1 Prise Salz**
**4 Eier**
**$^1/_8$ l Milch**
**1 Eßlöffel zerlassene Butter**
**2 Eßlöffel feingewiegte Kräuter (Dill, Kerbel, Petersilie, einige Blättchen Estragon)**
**Butter und Öl zum Braten**

Die Fleischbrühe erhitzen und zur Seite stellen. Für die Flädle Mehl und Salz in eine Schüssel geben und mit den Eiern verrühren. Die Milch unter Weiterrühren hinzufügen und zum Schluß die flüssige Butter zugeben. Den Teig mindestens 20 Minuten stehen lassen. Die Kräuter erst vor dem Braten der Flädle wiegen und an den Teig geben.
In einer beschichteten Pfanne Fett erhitzen und wenig Teig hineingießen. Den Teig unter Schwenken der Pfanne nach allen Seiten verteilen und von beiden Seiten goldgelb braten. Aufrollen und in Streifen schneiden.
Die Rindfleischbrühe erhitzen und die Flädle kurz vor dem Servieren einige Minuten zum Aufwärmen hineingeben.

# Maultaschensuppe

**Zutaten für 4 Personen**

**Für den Teig:**
**500 g Mehl**
**4 Eier**
**1 Eiweiß**
**Salz**
**Für die Füllung:**
**2 Frühlingszwiebeln mit Grün**
**100 g durchwachsener Speck**
**4 Brötchen vom Vortag**
**1/2 Bund Petersilie**
**250 g gekochter Blattspinat**
**50 g roher Spinat**
**3 Eier**
**300 g feine Bratwurstfülle oder Kalbsbrät**
**Salz**
**abgeriebene Muskatnuß**
**Außerdem:**
**2 l selbstgemachte Fleischbrühe**

Die aufwendig herzustellende Maultaschensuppe wird im „Ländle" gerne an Festtagen oder bei Familienfeiern als Vorsuppe serviert. Diese Maultaschenversion mit Spinat-Brät-Füllung hat in vielen Familien Tradition.

Mehl auf ein Backbrett häufen, in die Mitte eine Vertiefung machen und die Eier und das Salz hineingeben. Von außen nach innen einen glatten Nudelteig kneten. Den Teig zu einer Rolle formen und zugedeckt 1/2 Stunde ruhen lassen. Die Rolle in dünne, gleich dicke Stücke schneiden und diese zu hauchdünnen Rechtecken ausrollen.
Während der Teig ruht, die Füllung zubereiten. Die geputzten Zwiebeln mit Grün in feine Ringe schneiden, den Speck in feine Streifen. Die Brötchen in lauwarmem Wasser einweichen und ausdrücken. Speck in einer Pfanne bei mäßiger Hitze andünsten und die Zwiebelringe darin anschwitzen.
Petersilie, gekochten und rohen Spinat mit den Brötchen durch die feine Scheibe des Fleischwolfes drehen. Mit den Eiern und der Bratwurstfülle oder dem Brät vermengen und die Farce mit Salz und Muskat abschmecken.
Auf jedes Teigrechteck einen Kaffeelöffel Füllung geben, die Teigecken einschlagen und die oberen Enden mit Eiweiß bestreichen. Die Fleischbrühe zum Kochen bringen und die Maultaschen 10–12 Minuten darin ziehen lassen. Sobald sie an der Oberfläche schwimmen, ist die Suppe servierfähig.

# Metzelsuppe

Metzelbrühe kann man in Schwaben am Schlachttag frisch beim Fleischer kaufen. Es ist die Brühe, in der die frischen Würste gekocht werden. Daraus kocht man in Schwaben eine Suppe, in die Leber- und Griebenwurst gehören. Aber da es Griebenwurst nicht überall gibt, haben wir Blutwurst als guten Ersatz verwendet.

**Zutaten für 4 Personen**

**1 1/2 l Metzelbrühe**
**300 g Schweinefleisch aus der Keule**
**200 g frische Leberwurst**
**200 g frische Blutwurst**
**1 Zwiebel**
**Salz**
**weißer Pfeffer**
**1 Teelöffel getrockneter, zerriebener Majoran**
**4 Scheiben Schwarzbrot**
**20 g Butter**

Metzelbrühe in einem Topf zum Kochen bringen. Das Schweinefleisch abspülen, abtropfen und 60 Minuten in der Brühe kochen lassen. Fleisch herausnehmen, abtropfen und etwas abkühlen lassen. Dann in etwa 2 cm große Würfel schneiden.
Leberwurst und Blutwurst aufschneiden. Zwiebel schälen und reiben. Brühe wieder aufkochen. Wurstmasse und Zwiebel darin 5 Minuten kochen lassen. Mit Salz, Pfeffer und Majoran würzen. Fleisch reingeben. Suppe warm stellen. Schwarzbrot in 1 cm große Würfel schneiden. Butter in einer Pfanne erhitzen. Brotwürfel darin 3 Minuten rösten. Suppe in eine vorgewärmte Terrine füllen. Geröstete Brotwürfel drüberstreuen und die Suppe sofort servieren.

Wann reichen? Als Mittagessen vor einem süßen Auflauf oder Pudding. Oder als deftiges Abendessen.

# Sauerampfersüpple

**Zutaten für 4 Personen**

**250 g Sauerampfer**
**40 g Butter**
**40 g Mehl**
**1 l heiße Fleischbrühe**
**$^1/_8$ l saure Sahne**
**2 Eigelb**
**1 Prise Zucker**
**Salz**
**Für die Einlage:**
**2 Scheiben Weißbrot**
**20 g Butter**
**2 hartgekochte Eier**

Die wild wachsende, 30 bis 60 cm hohe Pflanze mit den pfeilförmigen Blättern und dem kräftig-säuerlichen Geschmack sammelt man vorzugsweise im Frühjahr und Frühsommer. Denn dann sind die Blätter noch zart und jung. Sauerampfer kann man aber auch auf Märkten kaufen.

Sauerampfer verlesen. Gründlich in kaltem Wasser waschen. Tropfnaß in einen Topf geben. 5 Minuten erhitzen, bis die Blätter zusammenfallen und weich sind. Auf einem Sieb abtropfen lassen. Sauerampfer sehr fein hacken oder durch ein Sieb streichen. Butter in einem Topf erhitzen, Mehl darin hellgelb anschwitzen. Brühe nach und nach unter Rühren angießen. 5 Minuten kochen lassen. Sauerampfer reingeben. Saure Sahne und Eigelb in einer Tasse verquirlen. In die Suppe rühren. Erhitzen, aber nicht mehr kochen. Mit Zucker und Salz abschmecken.
Weißbrotscheiben entrinden. Brot würfeln. Butter in einer Pfanne erhitzen. Brotwürfel darin in 5 Minuten braten. Die Eier schälen und hacken. Die Suppe auf vorgewärmte Teller verteilen und mit Brot und Eierwürfeln garnieren.

Sauerampfer kann man auch gut mit Spinat vermischen. Außerdem verfeinert er Rohkostsalat, Gemüse- und Kräutersuppen, Omeletts und Soufflés. Kleingeschnitten und mit Quark und Joghurt vermischt paßt er vorzüglich zu kleinen, neuen Kartoffeln und Dips.

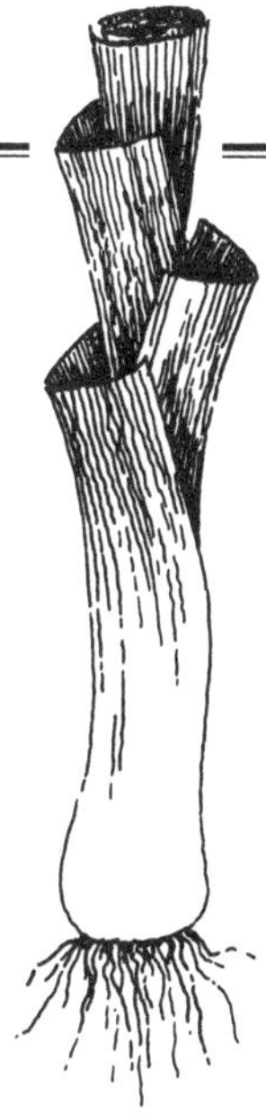

# Lauchsüpple

Zwiebeln schälen, halbieren und würfeln. Schinken in kleine Würfel schneiden. Butter in einem Topf erhitzen. Zwiebeln reingeben und in 3 Minuten anbraten. Schinken zufügen und 3 Minuten mitbraten.
Lauch putzen, gründlich waschen und in etwa 1 cm lange Stücke schneiden. Zugeben. 5 Minuten braten. Fleischbrühe aufgießen. Suppe mit Salz und Pfeffer würzen. 15 Minuten kochen lassen. Wein und Mehl in einem Becher verrühren und die Suppe damit binden.
Saure Sahne einrühren. Eigelb in einem Becher verquirlen. Wieder in die Suppe rühren. Petersilie waschen, trockentupfen, hacken, dazugeben. Die Suppe in vorgewärmte Suppenteller füllen und mit dem Käse bestreut servieren.

Die Suppe schmeckt noch besser, wenn sie im vorgeheizten Ofen kurz überbacken wird. Vorher auf den geriebenen Käse noch wenige Butterflöckchen setzen.

**Zutaten für 4 Personen**

**2 Zwiebeln**
**125 g roher Schinken**
**30 g Butter**
**500 g Lauch**
**1 l heiße Fleischbrühe**
**Salz**
**weißer Pfeffer**
**1/8 l trockener Weißwein**
**1 Eßlöffel Mehl**
**2 Eßlöffel saure Sahne**
**1 Eigelb**
**1/2 Bund Petersilie**
**4 Eßlöffel geriebener Emmentaler**

# Wurzel-Kartoffel-Suppe

**Zutaten für 4 Personen**

**1/2 Sellerieknolle**
**2 Stangen Lauch**
**2 Möhren**
**60 g Schmalz**
**1 Zwiebel**
**2 Eßlöffel Mehl**
**2 l heiße Fleischbrühe**
**4 Kartoffeln**
**2 Eigelb**
**2 Eßlöffel saure Sahne**
**1 Bund frischer oder 2 Teelöffel getrockneter Kerbel**

Sellerieknolle, Lauch und Möhren putzen, waschen, abtropfen lassen und kleinschneiden.
Schmalz in einem Topf erhitzen. Zwiebel schälen und in Ringe schneiden. Mit dem Gemüse reingeben. 10 Minuten unter Rühren schmoren. Mit Mehl bestäuben und alles gut verrühren. Fleischbrühe zugießen. Die Suppe zugedeckt 10 Minuten bei mittlerer Hitze kochen lassen.
In der Zwischenzeit Kartoffeln schälen, in 1 cm große Würfel schneiden und in die Brühe geben. Noch 15 Minuten weiterkochen lassen.
Topf vom Herd nehmen. Eigelb mit Sahne und etwas Gemüsebrühe in einer Tasse verquirlen. In die Suppe rühren.
Kerbel abbrausen, trockentupfen und fein hacken. Reingeben. Getrockneten zerriebenen Kerbel so zufügen. Die Wurzel-Kartoffel-Suppe in eine vorgewärmte Terrine geben. Sofort servieren.

# Semmelrahmsuppe

Die Semmeln erst in dünne Scheiben, dann in kleine Würfel schneiden.
Die Butter in einem mittelgroßen Topf erhitzen.
Die Semmel- und Zwiebelwürfel darin kurz andünsten.
Mit der Fleischbrühe aufgießen, aufkochen und 15 Minuten köcheln lassen.
Die Suppe im Mixer oder mit dem Stabmixer fein pürieren. Die Crème fraîche untermischen, mit Salz, Pfeffer und Zitronensaft abschmecken und nochmals aufkochen.
Den Schnittlauch abbrausen, dann trockentupfen, kleinschneiden und zum Schluß einstreuen.
Würziger schmeckt die Suppe, wenn Sie mit den Zwiebeln noch 1–2 gehackte Knoblauchzehen anbraten.

**Zutaten für 4 Personen**

**3 Semmeln vom Vortag**
**3 Eßlöffel Butter**
**1 mittelgroße Zwiebel, fein gehackt**
**1 l Fleischbrühe**
**150 g Crème fraîche**
**Salz**
**weißer Pfeffer**
**Zitronensaft**
**2 Bund Schnittlauch**

# Spargelsüpple

**Zutaten für 4 Personen**

**500 g Spargel**
**$^3/_4$ l Wasser**
**Salz**
**50 g Butter oder Margarine**
**40 g Mehl**
**2 Eigelb**
**3 Eßlöffel Weißwein**
**$^1/_4$ l Sahne**
**weißer Pfeffer**
**geriebene Muskatnuß**
**1 Teelöffel Zucker**
**Saft 1 Zitrone**

Für die Spargelcremesuppe kauft die sparsame schwäbische Hausfrau nur Bruchspargel.

Spargel unter fließendem Wasser waschen. Vom Kopf her schälen. In etwa 3 cm lange Stücke schneiden. Beiseite stellen.
Spargelschalen in einen Topf mit gesalzenem Wasser geben. Zugedeckt 20 Minuten kochen lassen. Brühe durchsieben. Spargelstücke in einen Topf geben. Mit Brühe begießen und zugedeckt 15 Minuten kochen. Spargel mit einem Schaumlöffel rausnehmen und beiseite stellen.
Butter oder Margarine in einem anderen Topf erhitzen. Mehl auf einmal dazugeben und 2 Minuten durchschwitzen lassen. Mit der Spargelbrühe ablöschen. Unter Rühren 6 Minuten kochen. Topf vom Herd nehmen. Eigelb in einer Tasse mit etwas Suppe verquirlen. In die Suppe rühren. Weißwein und Sahne ebenfalls. Suppe mit Salz, Pfeffer, Muskat, Zucker und Zitronensaft abschmecken. Spargelstücke reingeben. Suppe erhitzen, aber nicht mehr kochen lassen, da sonst das Eigelb gerinnt. Dann in Suppentassen füllen und sofort servieren.

# Laugenbrezensuppe

Was die Restverwertung betrifft, waren schwäbische Hausfrauen schon immer erfinderisch. Die Brezensuppe ist ein gutes Beispiel dafür.

**Zutaten für 4 Personen**

**2 mittelgroße Zwiebeln**
**2 Eßlöffel Schweineschmalz**
**2 Laugenbrezen, möglichst vom Vortag**
**1/8 l Bier**
**3/4 l Fleischbrühe**
**Salz**
**schwarzer Pfeffer**
**frischgeriebene Muskatnuß**
**1 Bund Schnittlauch**

Die Zwiebeln schälen. Eine Zwiebel fein hacken und in einem Suppentopf in einem Eßlöffel Schweineschmalz andünsten.
Die Laugenbrezen in ca. 1/2 cm breite Scheiben schneiden. In den Topf geben und kurz mit den Zwiebeln braten.
Mit dem Bier und der Fleischbrühe aufgießen. Zugedeckt 15 Minuten köcheln lassen.
Inzwischen die zweite Zwiebel in schmale Ringe schneiden (am besten auf dem Gurkenhobel). Die Zwiebelringe im restlichen Schweineschmalz unter Rühren braun anbraten.
Die Suppe mit Salz, Pfeffer und Muskat kräftig abschmecken und die abgeschmolzenen Zwiebeln hineingeben. Zugedeckt 5 Minuten ziehen lassen.
In der Zwischenzeit den Schnittlauch abbrausen, trockentupfen und kleinschneiden. Vor dem Servieren in die Brezensuppe streuen.

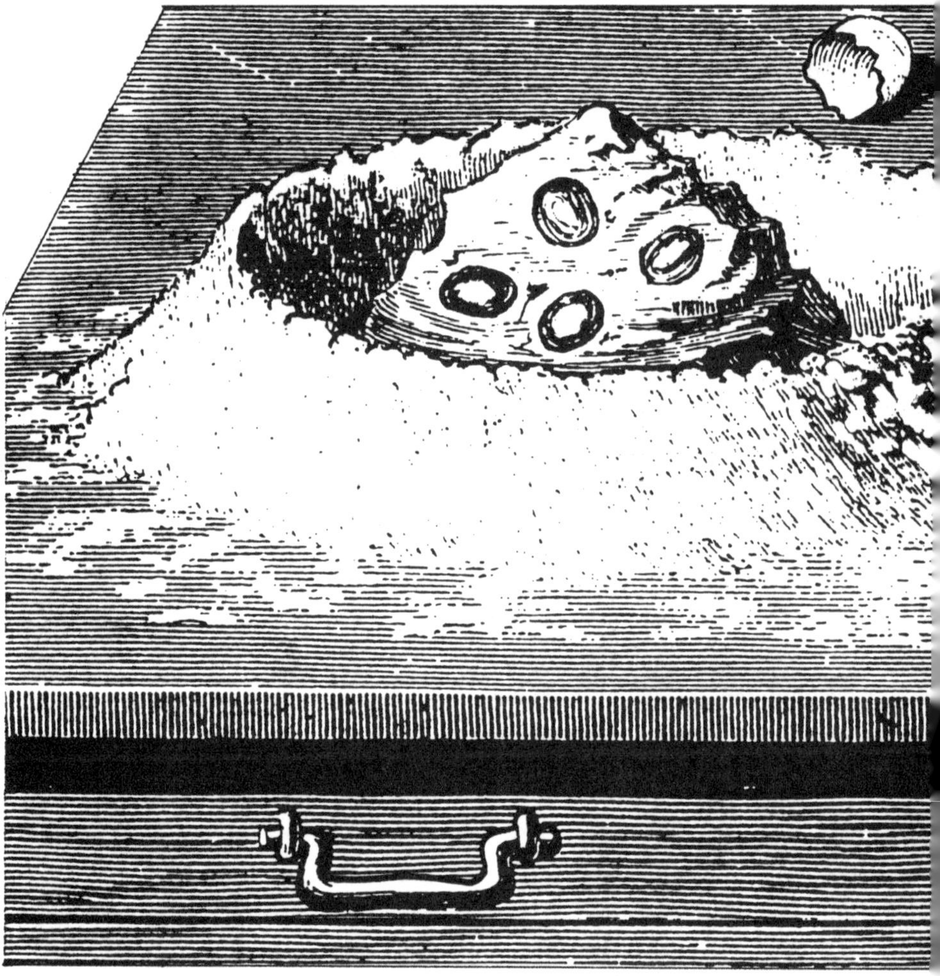

# Spätzle, Knöpfle und Maultaschen

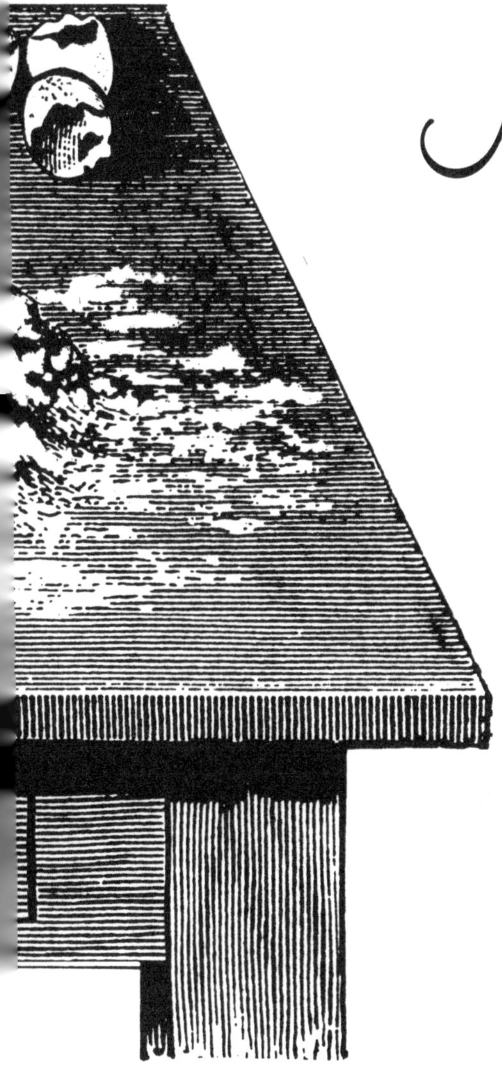

# Eierspätzle

**Zutaten für 4 Personen**

**400 g Mehl**
**8 große Eier (Gewichtsklasse 1)**
**2 Teelöffel Salz**
**1/4 l kaltes Wasser**
**Salzwasser zum Kochen**
**2 Eßlöffel Butter**

Echte schwäbische Spätzle werden vom Brett geschabt. Doch nicht jeder beherrscht diese Fertigkeit. Deshalb muß man noch lange nicht auf hausgemachte Spätzle verzichten, denn mit Spätzlepressen und -reiben, die mittlerweile überall erhältlich sind, gelingen sie jedem.

Das Mehl in eine Schüssel geben. In die Mitte eine Vertiefung drücken. 2 Eier und das Salz hineingeben. Die Eier mit einem Teil des Mehles vermischen. Nacheinander die restlichen Eier und das Wasser unter ständigem Rühren an den Teig geben. Es muß eine zähflüssige Masse werden. 10 Minuten ruhenlassen.
Reichlich Salzwasser zum Kochen bringen. Das Brett zum Spätzleschaben kurz in das kochende Wasser tauchen. Den Teig portionsweise auf das Brett streichen und mit einem angefeuchteten Messer schmale Teigstreifen in das kochende Wasser schaben. Die Spätzle sind gar, wenn sie wieder an die Oberfläche kommen.

Spätzle sind **die** Beilage für Schwaben. Ihrer Meinung nach passen sie zu fast allen Fleisch- und Gemüsespeisen. Ja – sie sind für sich alleine schon ein Essen.

# Kässpätzle

Das Mehl in eine Schüssel geben und in die Mitte eine Vertiefung drücken. Eier, Salz und Wasser hineingeben und den Teig mit einem Holzlöffel so lange schlagen, bis er sich vom Schüsselboden löst.
In einem Topf reichlich Salzwasser zum Kochen bringen. Den Teig portionsweise mit einem Spatzenhobel in das kochende Wasser hobeln. Wenn die Spätzle an die Oberfläche kommen, sind sie gar. Mit einem Schaumlöffel herausnehmen und in eine vorgewärmte Schüssel geben. Warmstellen.
Den Käse reiben, die geschälten Zwiebeln in Ringe schneiden. Die Butter in einer Pfanne erhitzen und die Zwiebelringe darin anbraten.
Die Spätzle mit dem geriebenen Käse vermischen und mit Pfeffer abschmecken. Mit den Zwiebelringen bedeckt auftragen.
Beilage: Grüner Salat, mit einer Kräutervinaigrette angemacht.

**Zutaten für 4 Personen**

**500 g Mehl**
**5 Eier**
**1 Teelöffel Salz**
**1/8 l Wasser**
**Salzwasser zum Kochen**
**300 g Allgäuer Emmentaler**
**4 kleine Zwiebeln**
**80 g Butter**
**Pfeffer**

# Spätzle mit Sauerkraut

**Zutaten für 4 Personen**

**Für den Teig:**
**500 g Mehl**
**Salz**
**4 Eier**
**1/4 l Wasser**
**Für das Sauerkraut:**
**2 Eßlöffel Schweineschmalz**
**1 Zwiebel**
**1 Apfel**
**500 g Sauerkraut**
**Salz**
**1 Prise Zucker**
**1 Wacholderbeere**
**1/4 l Wasser**
**8 Eßlöffel Weißwein**
**Außerdem:**
**2 l Wasser**
**Salz**
**125 g geräucherter durchwachsener Speck**

Spätzle mit Kraut ist im „Ländle" ein typisches Freitagsessen, das trotz des Specks als fleischlos gilt.

Für den Teig Mehl in eine Schüssel geben. In die Mitte eine Mulde drücken. Salz, Eier und Wasser reingeben. Von innen nach außen einen glatten Teig rühren. 30 Minuten quellen lassen.
In der Zwischenzeit für das Sauerkraut Schweineschmalz in einem Topf erhitzen. Zwiebel schälen, würfeln. Im Fett in 5 Minuten goldgelb braten. Apfel schälen, vierteln, Kerngehäuse entfernen. Apfel in dünne Schnitze schneiden. Mit dem ausgedrückten Sauerkraut zu der Zwiebel geben. 5 Minuten unter Rühren anbraten. Mit Salz, Zucker und Wacholderbeere würzen. Wasser dazugießen. 30 Minuten bei schwacher Hitze kochen. Mit Weißwein abschmecken. Warm stellen.
Wasser mit Salz in einem großen Topf aufkochen. Spätzleteig eßlöffelweise auf ein mit kaltem Wasser abgespültes Brett geben und glattstreichen. Spätzle mit einem Messer ins kochende Wasser schaben (oder Spätzlepresse benutzen). 5 Minuten kochen lassen. Zwischendurch hin und wieder umrühren. Im Sieb mit kaltem Wasser abschrecken und abtropfen lassen.
Speck in 1/2 cm große Würfel schneiden. In einer Pfanne glasig braten. Spätzle 2 Minuten darin schwenken. Auf einer vorgewärmten Platte oder in einer Schüssel anrichten. Sauerkraut getrennt servieren. Oder mit auf die Platte geben.

# Spätzle mit Linsen und Landjäger

Schwaben essen gerne Landjäger. Das sind stark geräucherte und flachgedrückte Würste aus fein geschnittenem Rind- und fettem Schweinefleisch.

**Zutaten für 4 Personen**

**300 g getrocknete Linsen**
**1 l Wasser**
**125 g durchwachsener Speck**
**1 Zwiebel**
**Salz**
**weißer Pfeffer**
**3 Möhren**
**2 Eßlöffel Essig**
**Für die Spätzle:**
**250 g selbstgemachte Spätzle (siehe Rezept Seite 22)**
**40 g Butter**
**1 Eßlöffel Semmelbrösel**
**1 Bund Petersilie**
**8 Landjägerwürste von je 80 g**

Linsen über Nacht in einer Schüssel mit kaltem Wasser einweichen.
Am anderen Tag durchwachsenen Speck würfeln. In einem Topf glasig werden lassen. Zwiebel schälen, grob würfeln und dazugeben. Linsen mit dem Einweichwasser in den Topf geben. Mit Salz und Pfeffer würzen. 60 Minuten bei mittlerer Hitze kochen lassen. Möhren putzen, waschen und klein würfeln. Möhren und Essig in den Topf geben. 45 Minuten weiterkochen lassen.
Spätzle zubereiten. (Man kann auch fertiggekaufte Spätzle verwenden – bitte Kochanleitung beachten.)
Spätzle abgießen, trockendämpfen und in einer vorgewärmten Schüssel warm stellen. Butter in einem Topf erhitzen. Semmelbrösel reingeben und 2 Minuten braten. Petersilie unter kaltem Wasser abspülen. Trockentupfen. Die Hälfte fein hacken und in die Butter-Semmelbrösel-Masse geben. Über die Spätzle verteilen. Linsen abschmecken. Landjägerwürste waschen, abtropfen lassen und 10 Minuten in den Linsen heiß werden lassen. In eine vorgewärmte Schüssel geben. Mit der restlichen Petersilie garnieren und sofort servieren.

# Krautspätzle-Auflauf

**Zutaten für 4 Personen**

**500 g Sauerkraut**
**3 Eßlöffel Schmalz**
**500 g Mehl**
**3 Eier**
**Salz**
**ca. 3/8 l Wasser**
**3 rote Zwiebeln**

Sauerkraut leicht ausdrücken und in einer Pfanne mit 1 Eßlöffel Schmalz sanft durchdünsten. Mehl mit Eiern und Salz zu einem Teig verrühren und soviel Wasser zugeben, daß er glatt, aber nicht zu fest zum Schaben ist.

In einem großen Topf reichlich Salzwasser zum Sieden bringen. Den Teig entweder auf einem Brett flachstreichen und in Streifen ins Kochwasser schaben oder durch ein Spätzlesieb ins Wasser pressen. Einige Male aufkochen lassen. Wenn die Spätzle nach oben kommen, mit einem Schaumlöffel herausschöpfen und in kaltem Wasser abschrecken.

In einer irdenen Backform oder einer anderen feuerfesten Form abwechselnd eine Lage Kraut und eine Lage Spätzle schichten. Den Auflauf auf die untere Schiene in den vorgeheizten Backofen stellen und bei 160 Grad ca. 20 Minuten garen.

Zwiebeln schälen, halbieren und in Scheiben schneiden. Im restlichen Schmalz dünsten, bis sie goldgelb sind.

Vor dem Servieren die Zwiebeln mit dem Bratfett über den Krautspätzle verteilen.

Dazu passen knackige Würstchen oder kräftiges Bauernbrot, wenn's fleischlos sein soll.

# Schwäbische Leberspätzle

Erst die Butter in einer Schüssel schaumig schlagen. Die Leber und die fein gehackte Zwiebel und die Petersilie unterrühren. Die Eier, Semmelbröseln und Gewürze zufügen. Alles gut mischen und den Teig abschmecken.
Reichlich Salzwasser zum Kochen bringen. Den Teig in das Wasser vom Brett schaben oder durch ein Spätzlesieb drücken. Die Spätzle bei geringer Hitze ziehen lassen, bis sie an der Oberfläche schwimmen. Mit einer Schaumkelle herausnehmen und in eine vorgewärmte Schüssel füllen. Man kann die Spätzle auch noch in heißer Butter schwenken.
Beilage: Sauerkraut. Oder als Einlage in einer selbstgemachten Fleischbrühe verwenden.

**Zutaten für 4 Personen**

**60–80 g Butter**
**250 g durchgedrehte Schweine- oder Rinderleber**
**2 kleine Zwiebeln**
**2 Eßlöffel gewiegte Petersilie**
**2 Eier**
**80 g Semmelbrösel**
**Salz**
**frischgeriebene Muskatnuß**
**weißer Pfeffer**

# Grießknöpfle

**Zutaten für 4 Personen**

**250 g Mehl**
**2 Eßlöffel grober Grieß (30 g)**
**3 Eier**
**eine kräftige Prise Salz**
**gut 1/8 l Wasser**
**30 g Butter**

Mehl, Grieß, Eier, Salz und gut 1/8 l Wasser in eine Schüssel geben. Kräftig schlagen. Der Teig soll dickflüssig sein und sich vom Schüsselrand lösen. 20 Minuten quellen lassen.
Gut 2 l gesalzenes Wasser in einem Topf zum Kochen bringen. Teig durch den Durchschlag oder durch ein groblöcheriges Sieb ins kochende Wasser schaben. Ziehen lassen. Wenn die Knöpfle an der Wasseroberfläche schwimmen, sind sie gar. Mit einem Schaumlöffel rausnehmen, kalt abschrecken und abtropfen lassen.
Butter in einer Pfanne erhitzen, die Knöpfle darin 3 Minuten schwenken. In einer vorgewärmten Schüssel servieren.

Grießknöpfle passen zu Rahmschnitzel oder Kalbsbraten. Sie sind aber auch ein Freitagsessen, also fleischlos, wenn ein schöner gemischter Salat dazu gereicht wird.

# Maultaschen

Für den Teig das Mehl in eine Schüssel geben und mit Salz vermischen. Nach und nach das Öl und die Eier hinzufügen und rühren, bis ein glatter Teig entsteht. Zugedeckt 2 Stunden ruhen lassen.
Für die Füllung das Brötchen in kaltem Wasser einweichen. Das Hackfleisch und die Bratwurstfülle miteinander vermischen. Den Speck und die geschälte Zwiebel in kleine Würfel schneiden. Die Butter in der Pfanne erhitzen und die Speck- und Zwiebelwürfel darin anbraten.
Den Spinat waschen, kurz in kochendem Wasser blanchieren und grob hacken. Das eingeweichte Brötchen ausdrücken.
Sämtliche Zutaten für die Füllung gründlich vermischen und mit Salz und Pfeffer abschmecken.
Den Teig auf einem bemehlten Brett möglichst dünn ausrollen und mit einem Glas Kreise im Durchmesser von 6 cm ausstechen. In die Mitte der Kreise je einen Löffel Füllung geben und sie halbmondförmig zu Teigtaschen zusammenfalten. Die Ränder mit zwei Fingern oder einer Gabel fest zusammendrücken. Die Maultaschen mit einem Tuch bedeckt 30 Minuten ruhen lassen.
Reichlich Salzwasser zum Kochen bringen und die Maultaschen darin 10–15 Minuten ziehen lassen. Mit einer Schaumkelle herausnehmen.

Zu Maultaschen kann man eine Tomatensoße oder übrige Bratensoße reichen. Oder sie mit Käse bestreuen und kurz überbacken. Oder mit gebratenen Zwiebelringen garnieren. Gemischten Salat dazu reichen.

**Zutaten für 4 Personen**

**Für den Teig:**
**300 g Mehl**
**1/2 Eßlöffel Salz**
**1 Eßlöffel Öl**
**3 Eier**
**Mehl zum Ausrollen**
**Für die Füllung:**
**1/2 Brötchen**
**200 g Hackfleisch**
**100 g Bratwurstfülle (Brät)**
**50 g durchwachsener geräucherter Speck**
**1 kleine Zwiebel**
**1 Eßlöffel Butter**
**200 g frischer Spinat**
**1 Eßlöffel gehackte Petersilie**
**1 Ei**
**Salz**
**Pfeffer aus der Mühle**

# Hechtmaultaschen

**Zutaten für 4 Personen**

**Für den Teig:**
200 g Mehl
1 Teelöffel Salz
7 Eigelb
Mehl zum Ausrollen
1 Eigelb zum Bestreichen

**Für die Füllung:**
200 g Blattspinat
400 g frisches Hechtfleisch
200 g Sahne
200 g Crème fraîche
4 Eiweiß
10 g Sardellenpaste
Salz
schwarzer Pfeffer
aus der Mühle

**Für den Sud:**
1 Möhre
1 Stange Lauch
1 Stück Sellerie
100 g Crème fraîche
5 Eßlöffel Weißwein
1/4 l Fischfond (aus dem Glas)
Salz
schwarzer Pfeffer
1 Knoblauchzehe
1 Zweig Thymian
1 Lorbeerblatt
Saft von 1/2 Zitrone
100 g Butter

Mehl in eine Schüssel geben und mit dem Salz vermischen. Eigelb nacheinander zu dem Mehl geben und die Zutaten zu einem festen Teig verkneten. Zugedeckt 30 Minuten ruhen lassen.
Für die Füllung den Spinat waschen und tropfnaß für Sekunden in kochendem Wasser blanchieren. Die Hälfte des Spinats, das Hechtfleisch und die übrigen Zutaten für die Füllung in einem Mixer zu einer glatten Farce verarbeiten und 30 Minuten in den Kühlschrank stellen.
Den Teig auf einem bemehlten Brett zu einem 16 cm breiten Streifen ausrollen. Mit dem verquirlten Eigelb bestreichen und die restlichen, glattgestrichenen Spinatblätter darauf verteilen.
Die Hechtfarce in einen Spritzbeutel füllen und einen breiten Streifen auf die obere Hälfte der Teigplatte spritzen. Die untere Hälfte darüberschlagen, so daß eine große Teigtasche entsteht. Mit einem Teigrädchen in Vierecke teilen und die Ränder noch einmal fest andrücken. Mit einem Tuch bedeckt 30 Minuten ruhen lassen.
Für den Sud die Gemüse waschen, putzen und in feine Streifen schneiden. Crème fraîche, Wein und Fischfond mit dem Gemüse in einem Topf zum Kochen bringen. Mit Salz, Pfeffer und den Gewürzen abschmecken. 10 Minuten kochen lassen.
Die Maultaschen in den Sud geben und 10 Minuten köcheln lassen. Mit einem Schaumlöffel herausnehmen und auf 4 vorgewärmte Suppenteller legen. Den Gemüsesud zur Hälfte einkochen. Unter Rühren mit einem Schneebesen die Butter in kleinen Flöckchen hinzufügen. Sauce über die Maultaschen gießen.

# Krautfleck'

**Zutaten für 4 Personen**

**Für das Kraut:**
**1 Kopf Weißkohl (750 g)**
**1 Zwiebel**
**40 g Schweineschmalz**
**1 Eßlöffel Zucker**
**Salz**
**weißer Pfeffer**
**1 Teelöffel Kümmel**
**1 Eßlöffel Essig**
**1/8 l heiße Fleischbrühe aus Würfeln**
**Für den Teig:**
**1 Ei**
**1 Prise Salz**
**1 Eßlöffel Wasser**
**150 g Mehl**
**Mehl zum Ausrollen**
**1 1/2 l Wasser**
**Paprika edelsüß**

Für das Kraut Weißkohl putzen, vierteln und den Strunk dabei rausschneiden. Viertel unter kaltem Wasser abspülen. Gut abtropfen lassen. In feine Streifen schneiden. Zwiebel schälen und fein hacken.
Schweineschmalz mit Zucker in einem Topf erhitzen. Der Zucker soll dabei leicht bräunlich werden. Kraut und Zwiebel reingeben. Mit Salz, Pfeffer, Kümmel und Essig würzen. Kraut 10 Minuten nur im Fett dünsten. Dabei hin und wieder umrühren, damit es nicht anbrennt. Fleischbrühe zugießen. Topf schließen. 40 Minuten schmoren lassen.
In der Zwischenzeit den Teig zubereiten. Dazu Ei mit Salz und Wasser in einer Schüssel verrühren. Nach und nach etwa die Hälfte des Mehles einrühren. Restliches Mehl mit den Händen einkneten. Der Teig muß dabei glatt und trocken werden. Auf einem bemehlten Backbrett oder auf der bemehlten Arbeitsfläche nudeldick (etwa 2 mm) ausrollen. 30 Minuten trocknen lassen. Erst in 2 cm breite Streifen, dann in Rauten schneiden.
Wasser in einem Topf zum Kochen bringen. Salzen. Die Teigstücke reingeben. 8 Minuten sprudelnd kochen lassen. Mit einem Schaumlöffel rausnehmen. Auf einem Sieb abtropfen lassen. Das Kraut abschmecken. Fleckerl zugeben und mischen. In eine vorgewärmte Schüssel geben. Mit Paprika bestreut servieren.

# Fleisch und Innereien

# Rostbraten

**Zutaten für 4 Personen**

**Für das Gemüse:**
**2 Zwiebeln**
**2 Äpfel**
**25 g Schweineschmalz**
**500 g Sauerkraut**
**1/2 l herber Weißwein**
**1 Knoblauchzehe**
**1 Lorbeerblatt**
**Salz**
**Zucker**
**Für das Fleisch:**
**4 Rumpsteaks von je 150 g**
**schwarzer Pfeffer**
**3 Zwiebeln**
**50 g Butter**
**Salz**
**1 gehäufter Teelöffel Mehl**
**1 Teelöffel Paprika edelsüß**

Für das Gemüse Zwiebeln schälen, halbieren und in Streifen schneiden. Äpfel schälen, vierteln, entkernen und in dünne Schnitze schneiden. Schweineschmalz in einem Topf erhitzen. Zwiebeln und Äpfel darin in 5 Minuten glasig braten. Sauerkraut auseinanderzupfen und in den Topf geben. Mit Weißwein begießen. Kraut unter Rühren aufkochen.

Geschälte Knoblauchzehe und Lorbeerblatt drauflegen. Topf mit Pergamentpapier abdecken und in den vorgeheizten Ofen auf die mittlere Schiene stellen. Das Kraut 60 Minuten bei 160 Grad garen. Knoblauchzehe und Lorbeerblatt aus dem Sauerkraut nehmen. Kraut mit Salz und Zucker abschmecken. Warm stellen.

Rumpsteaks mit Haushaltspapier abtupfen. Fettränder in 3 cm Abstand einschneiden. Steaks 1/2 cm dick klopfen. Mit Pfeffer einreiben. Zwiebeln schälen, halbieren und in feine Streifen schneiden. 25 g Butter in einer Pfanne erhitzen. Steaks reinlegen. Auf jeder Seite 2 Minuten braten. Rausnehmen, salzen und warm stellen. Restliche Butter in die Pfanne geben. Zwiebeln darin 3 Minuten braten. Mehl und Paprika drüberstäuben und die Zwiebeln unter ständigem Rühren in 3 Minuten goldbraun werden lassen. Gut abgetropftes Sauerkraut auf eine vorgewärmte Platte geben. Fleisch drauflegen. Zwiebeln auf die Steaks verteilen.

Beilagen: Gemischter Salat und Spätzle oder Bratkartoffeln.

# Schäufele

Schäufele ist die schwäbische Bezeichnung für Schulter, und zwar vom Schwein. Das deftige Fleischgericht wird in jedem schwäbischen Gasthof zur Vesper serviert. Dazu ißt man frische Laugenbrezen.

**Zutaten für 4 Personen**

**750 g gepökelte, leicht geräucherte Schweineschulter**
**1 l Wasser**
**$^1/_2$ l Weißwein**
**1 Zwiebel**
**3 Nelken**
**1 Lorbeerblatt**
**4 Wacholderbeeren**
**5 Pfefferkörner**
**$^1/_2$ Teelöffel getrockneter Thymian**
**Zum Garnieren:**
**4 kleine Gewürzgurken**

Fleisch unter kaltem Wasser abspülen. Abtropfen lassen. Wasser und Wein mit der geschälten, mit Nelken und Lorbeerblatt gespickten Zwiebel, Wacholderbeeren, Pfefferkörnern und Thymian aufkochen. Fleisch reinlegen und zugedeckt bei schwacher Hitze 2 Stunden kochen.
Fleisch rausnehmen und abtropfen lassen. In Scheiben schneiden und auf einer vorgewärmten Platte anrichten. Gurken halbieren und in Fächer schneiden. Fleisch damit garnieren und servieren.

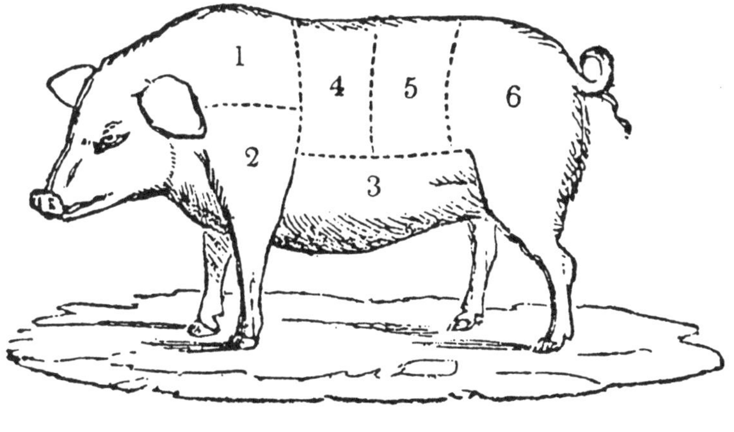

# Schwäbischer Topf

**Zutaten für 4 Personen**

**Für die Spätzle:**
**500 g Mehl**
**4 Eier**
**Salz**
**1 Prise geriebene Muskatnuß**
**1/4 l warmes Wasser**
**Für das Fleisch:**
**je 4 Scheiben Rinderlende, Kalbsfilet und Schweinefilet (je 50 g)**
**schwarzer Pfeffer**
**20 g Mehl**
**30 g Margarine**
**Salz**
**1 Teelöffel Paprika edelsüß**
**1/4 l Sahne**
**1/8 l saure Sahne**
**2 Sardellenfilets**
**1 Teelöffel Bratensaft (Fertigprodukt)**
**Außerdem:**
**25 g Butter**
**Für die Garnierung:**
**1/2 Bund Schnittlauch**
**1 Zitrone**

Für die Spätzle Mehl in eine Schüssel geben. Eier, Salz, Muskatnuß und warmes Wasser zugeben und die Masse zu einem festen Teig verrühren. So lange kräftig schlagen, bis der Teig Blasen wirft.Zugedeckt 15 Minuten ruhen lassen. 2 l gesalzenes Wasser in einem großen flachen Topf aufkochen. Je 2 Eßlöffel Teig auf ein Spätzlebrett geben. Teig mit einer Palette oder einem Messer 2 bis 3 mm dick ausstreichen. Mit der Palette 2 mm breite Streifen in das kochende Wasser schaben. Jede Portion Spätzle zunächst aufkochen und dann noch 5 Minuten ziehen lassen. Dann mit einem Schaumlöffel rausnehmen und in kaltes Salzwasser legen. Spätzle abgießen und abtropfen lassen. Fleisch mit Haushaltspapier abtupfen und mit Pfeffer bestreuen. In Mehl wenden. Margarine in einer Pfanne erhitzen. Filetscheiben darin auf jeder Seite 3 Minuten braten. Fleisch aus der Pfanne nehmen, salzen und anschließend warm stellen.
Paprika in das Bratfett streuen, umrühren, sofort mit Sahne und saurer Sahne ablöschen. Sardellen abspülen und zerdrücken. In die Soße geben. Bratensaft darin auflösen und die Soße 2 Minuten kochen. Butter in einer Pfanne erhitzen. Spätzle darin 5 Minuten braten. Immer wieder umrühren, damit sie nicht zu stark bräunen. Spätzle mit Salz würzen und auf einer vorgewärmten Platte anrichten. Mit den Fleischscheiben belegen. Sahnesoße drübergießen. Mit abgespültem, fein geschnittenem Schnittlauch bestreuen. Zitrone unter heißem Wasser waschen, abtrocknen und vierteln. Den Schwäbischen Topf zum Schluß damit garnieren.

# Gaisburger Marsch

Gaisburg ist ein Vorort von Stuttgart. Vermutlich stammt der Name Gaisburger Marsch daher, daß dieses einfache, aber wohlschmeckende Gericht, das zu den Klassikern der schwäbischen Küche gehört, früher häufig den herzöglichen Truppen vorgesetzt wurde.

**Zutaten für 4 Personen**

**1 kg Rindfleisch von der Hochrippe**
**3 Rinderknochen**
**1 Markknochen**
**2 Bund Suppengrün**
**3 Zwiebeln**
**2 Gewürznelken**
**1 Lorbeerblatt**
**1 1/2 l Wasser**
**Salz**
**500 g Kartoffeln**
**250 g Spätzleteig**
**geriebene Muskatnuß**
**2 Eßlöffel Butter**
**1 Bund Petersilie**

Rindfleisch und Knochen kurz abspülen. Suppengrün putzen, waschen, in Würfel und Scheiben schneiden. Zwiebeln schälen. Eine halbieren und jede Hälfte mit einer Gewürznelke spicken. Alles mit dem Lorbeerblatt in einen Topf mit kochendem Wasser geben. Salzen und 90 Minuten kochen lassen.
In der Zwischenzeit Kartoffeln schälen, waschen, würfeln. Fleisch aus der Brühe auf einen Teller legen. Brühe durchsieben, wieder aufkochen. Kartoffeln reingeben und in 20 Minuten gar kochen.
Spätzle nach Rezept Seite 22 herstellen (oder fertiggekaufte verwenden), garen und abtropfen lassen.
Fleisch würfeln, zu den Kartoffeln in die Brühe geben, die Spätzle auch. Mit Muskat abschmecken. Restliche Zwiebeln würfeln. Butter erhitzen. Die Zwiebeln darin goldgelb braten.
Petersilie waschen, trockentupfen, hacken.
Das Gericht mit gebräunten Zwiebeln und Petersilie bestreut servieren.

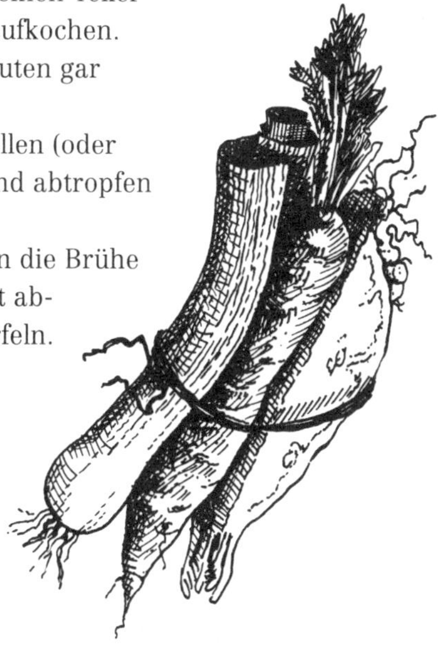

# Bäckerkartoffeln

**Zutaten für 4 Personen**

**300 g Schweinenacken**
**300 g Hammelschulter**
**300 g Rinderschulter**
**1 Möhre**
**1 geschälte Zwiebel, mit zwei Nelken gespickt**
**1 Lorbeerblatt**
**1 Knoblauchzehe**
**Salz**
**schwarzer Pfeffer**
**1/2 l trockener Weißwein oder Apfelmost**
**250 g Zwiebeln**
**1 kg Kartoffeln**
**40 g Schweineschmalz**

Bäckerkartoffeln sind eigentlich ein elsässisches Gericht. Aber die Schwaben haben es vor langer Zeit übernommen. Es ist aus der schwäbischen Küche nicht mehr wegzudenken.

Die Fleischsorten in Würfel und die geschälte Möhre in Scheiben schneiden. Mit Zwiebel und geschälter Knoblauchzehe sowie Lorbeerblatt in einen Steinguttopf legen. Salzen und pfeffern und mit Wein übergießen. Zugedeckt eine Nacht marinieren lassen.
Die Zwiebeln und die Kartoffeln schälen und in Scheiben schneiden. Einen feuerfesten Steinguttopf dick mit dem Schmalz ausstreichen und die Hälfte der Kartoffel- und Zwiebelscheiben hineingeben. Mit Salz und Pfeffer bestreuen.Das Fleisch darüberfüllen und mit den restlichen Kartoffel- und Zwiebelscheiben bedecken. Noch einmal würzen.
Die Weinmarinade durch ein Sieb über die Kartoffeln gießen. Den Topf fest verschließen.
Den Topf auf die mittlere Schiene in den vorgeheizten Backofen geben und das Gericht in etwa 3 Stunden bei 200 Grad gar backen lassen.
Getränkeempfehlung: Apfelmost

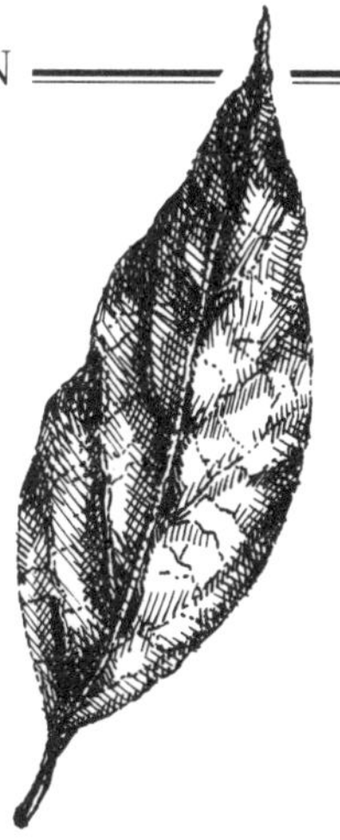

# Vespersülze

Schweinefleisch abspülen und abtropfen lassen. Schweineohren und -backen unter fließendem Wasser abbürsten. Alles in einen Topf mit Wasser geben. Zwiebel schälen und mit dem Lorbeerblatt spicken. Zusammen mit Pfefferkörnern und Wacholderbeeren auch in den Topf geben. Zugedeckt 90 Minuten leicht kochen lassen.
Fleisch rausnehmen und abkühlen lassen. Brühe bei offenem Topf in 30 Minuten auf die Hälfte einkochen lassen. Dann mit Pfeffer und Salz würzen. In der Zwischenzeit Fleisch in 2 cm große Würfel schneiden. Ohren und Backen ebenfalls würfeln. Fleisch in vier kalt ausgespülte Suppenteller verteilen. Flüssigkeit durch ein Sieb gießen. Gleichmäßig über das Fleisch verteilen. Zugedeckt im Kühlschrank 24 Stunden erstarren lassen. In den Tellern servieren oder auf eine Platte stürzen.
Beilagen: Zur Vesper herzhaftes Bauernbrot. Wird die Sülze als Mittag- oder Abendessen serviert, gibt man Bratkartoffeln dazu.

**Zutaten für 4 Personen**

**500 g mild gepökeltes Schweinefleisch**
**500 g Schweineohren und Schweinebacken**
**1 l Wasser**
**1 Zwiebel**
**1 Lorbeerblatt**
**5 Pfefferkörner**
**4 Wacholderbeeren**
**weißer Pfeffer**
**Salz**

# Laubfrösche

**Zutaten für 4 Personen**

**1 kg großblättriger Spinat**
**Für die Füllung:**
**3 altbackene Brötchen**
**$^3/_4$ l Wasser**
**75 g geräucherter fetter Speck**
**2 Zwiebeln**
**1 Bund Petersilie**
**400 g gemischtes Hackfleisch**
**2 Eier**
**Salz**
**weißer Pfeffer**
**$^1/_2$ Teelöffel getrockneter, zerriebener Majoran**
**1 Messerspitze geriebene Muskatnuß**
**Außerdem:**
**30 g Butter**
**$^1/_4$ l heiße Fleischbrühe**

Spinat verlesen und die Blätter in kaltem Wasser waschen. Auf einem Sieb abtropfen lassen. In einer Schüssel mit kochendem Wasser übergießen. 1 Minute ziehen, dann abtropfen lassen. Auf Haushaltspapier ausbreiten, damit die Spinatblätter trocknen können.
Für die Füllung Brötchen in einer Schüssel mit Wasser einweichen. Speck fein würfeln. In einer Pfanne 3 Minuten auslassen. Zwiebeln schälen und hacken. Im heißen Speck in 3 Minuten hellbraun braten. Gewaschene Petersilie hacken. Hackfleisch mit Speck und Zwiebeln, Petersilie, den gut ausgedrückten Brötchen und den aufgeschlagenen Eiern in einer Schüssel gut mischen. Mit Salz, Pfeffer, Majoran und Muskatnuß würzen.
Je 2 oder 3 Spinatblätter (das hängt von der Größe ab) etwa $^1/_4$ übereinander legen. Knapp 1 Eßlöffel Füllung darauf verteilen. Zu Rollen zusammenschlagen.
Feuerfeste Form mit etwas Butter einfetten. Spinatrollen reinlegen. Mit heißer Fleischbrühe begießen. Die restliche Butter in einem Topf zerlassen und drüberträufeln.
Form in den vorgeheizten Ofen auf die mittlere Schiene stellen und die Laubfrösche 25 Minuten bei 200 Grad garen.
Beilage: Kartoffelpüree oder Salzkartoffeln.

Statt Spinat können Sie auch Mangold oder Weißkohlblätter verwenden. Laubfrösche schmecken sogar kalt und eignen sich für ein Kaltes Büfett.

# Feine Fleischküchle

**Zutaten für 4 Personen**

**250 g Hackfleisch vom Kalb oder Rind**
**250 g Hackfleisch vom Schwein**
**1 Zwiebel**
**3 Eßlöffel Mehl oder Semmelbrösel**
**Salz**
**schwarzer Pfeffer**
**0,1 l Milch**
**1 Ei**
**2 Eßlöffel Butter zum Braten**

Das Fleisch beim Einkauf möglichst zweimal durch die Fleischmaschine drehen lassen oder in der Küchenmaschine fein hacken. Die geschälte Zwiebel ebenfalls in der Küchenmaschine fein hacken oder fein reiben.
Fleisch, Zwiebel und Mehl oder Semmelbrösel sowie Salz und Pfeffer gründlich miteinander vermischen. Nach und nach Milch und das Ei unter den Fleischteig rühren; der Teig soll leicht und locker sein.

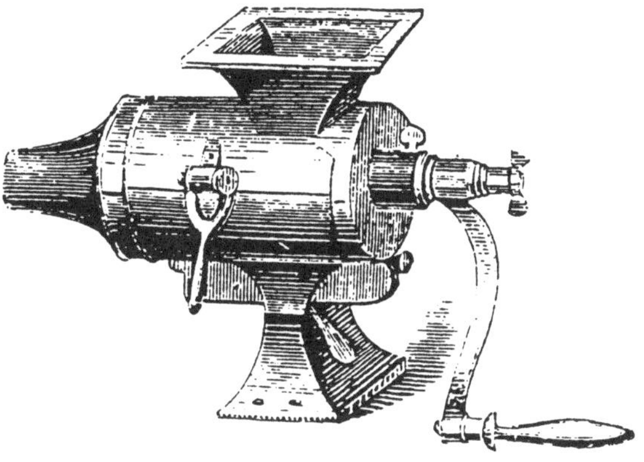

Die Butter in einer Pfanne erhitzen. Mit zwei in Wasser getauchten Löffeln oder angefeuchteten Händen kleine Fleischbällchen formen, nach Belieben etwas flachdrücken und in die heiße Butter geben. Langsam von allen Seiten goldbraun braten.
Beilage: Kartoffelsalat oder saures Kartoffelgemüse.

# Kalbsragout

**Zutaten für 4 Personen**

**500 g Kalbsschulter ohne Sehnen und Knochen**
**1/2 l Weißwein**
**1 Zwiebel**
**2 Nelken**
**1 Lorbeerblatt**
**1 Zweig Thymian**
**1 gestrichener Teelöffel weiße Pfefferkörner**
**1/2 Sellerieknolle (200 g)**
**1 Zwiebel**
**40 g Margarine**
**2 Eßlöffel Mehl**
**Saft einer halben Zitrone**
**1 kleine Dose Champignons**
**1/8 l saure Sahne**
**Salz**
**Zucker**
**Zum Garnieren:**
**1/2 Bund gehackter Kerbel**
**20 g Kapern**

Die Schwaben ziehen Kalbfleisch jedem anderen Fleisch vor. Und sie bereiten es meist mit einer Rahmsoße, damit sich die dazu servierten Spätzle gut vollsaugen können.

Das Fleisch trockentupfen. In 3 bis 4 cm große Würfel schneiden. In eine Schüssel geben, Weißwein zugießen. Zwiebel schälen, mit Nelken und Lorbeerblatt bestecken. Mit Thymian und zerdrückten Pfefferkörnern zum Fleisch geben. Zugedeckt 1 bis 2 Tage im Kühlschrank marinieren lassen. Sellerieknolle schälen, waschen, trockentupfen. Zwiebel schälen. Beide in kleine Würfel schneiden. Das Fleisch aus der Marinade nehmen, auf einem Sieb gut abtropfen lassen. Gespickte Zwiebel und Thymianzweig herausnehmen.
Margarine im Schmortopf erhitzen, Fleisch dazugeben, in 5 Minuten bei großer Hitze rundherum leicht bräunen. Sellerie- und Zwiebelwürfel beifügen und 3 Minuten dünsten. Mehl drüberstäuben und 1 Minute unter Rühren durchschwitzen lassen. Mit erhitzter Marinade (nicht kochen), Zitronensaft und Champignonwasser auffüllen. Gut umrühren, gespickte Zwiebel (aus der Marinade) beifügen. Zugedeckt 30 Minuten dünsten.
Die gespickte Zwiebel aus dem Kalbsragout nehmen. Champignons beifügen. Sahne verquirlen und das Ragout damit binden. Einmal aufkochen und mit Salz und Zucker abschmecken. In einer vorgewärmten Schüssel anrichten. Kerbel und Kapern unter das Ragout heben.

# Rahmschnitzel

**Zutaten für 4 Personen**

**4 Kalbsschnitzel aus der Oberschale von je 150 g**
**1 Zwiebel**
**Salz**
**weißer Pfeffer**
**4 Eßlöffel Mehl**
**50 g Butter**
**1 Eßlöffel Öl**
**3 Eßlöffel Weißwein**
**1/8 l Sahne**
**1 Messerspitze Cayennepfeffer**
**Saft einer viertelten Zitrone**
**Zum Garnieren:**
**1/2 Bund Petersilie**
**1 Zitrone**

Die Schnitzel mit dem Handballen leicht klopfen. Mit Haushaltspapier abtupfen. Zwiebel schälen und fein hacken. Schnitzel mit Salz und Pfeffer würzen. Mehl auf einen Teller geben. Schnitzel darin wenden. Butter und Öl in einer Pfanne erhitzen, Schnitzel darin auf beiden Seiten je vier Minuten braten, rausnehmen und warm stellen.

Zwiebel in der Pfanne in 4 Minuten gelb braten. Restliches Mehl zufügen. 1 Minute mitschwitzen. Weißwein und etwas Sahne in einem Becher mischen. Ins Mehl rühren. 4 Minuten kochen. Schnitzel reinlegen. 3 Minuten ziehen lassen. Übrige Sahne reinrühren. Mit Cayennepfeffer und Zitronensaft abschmecken. Vom Herd nehmen. Schnitzel mit der Soße auf einer vorgewärmten Platte anrichten. Petersilie unter kaltem Wasser abspülen, trockentupfen und zerpflücken. Zitrone unter heißem Wasser waschen, abtrocknen und in Scheiben schneiden. Schnitzel damit und mit Petersilie garniert servieren.

Beilagen: Kopf- oder Endiviensalat und Spätzle oder Kartoffelpüree.

Rahmschnitzel werden herzhafter, wenn Sie dazu Pfifferlinge oder Mischpilze reichen. Die Pilze mit viel Petersilie und fein gehackten Zwiebeln in Butter dünsten. Mit frischgemahlenem weißen Pfeffer nicht zu sparsam würzen.

# Kalbsvögerl

**Zutaten für 4 Personen**

**Für die Füllung:**
**1 Zwiebel**
**1 Stange Lauch**
**1 grüne Paprikaschote**
**100 g gekochter Schinken**
**40 g Margarine**
**Salz**
**1/2 Bund Petersilie**
**2 Eßlöffel Tomatenmark**
**Außerdem:**
**4 Kalbsschnitzel von je 150 g**
**Salz**
**Paprika edelsüß**
**8 dünne Speckscheiben von je 50 g**
**2 Eßlöffel Mehl**
**40 g Margarine**
**1/8 l heiße Fleischbrühe**
**3 Eßlöffel saure Sahne**

Diese pikant gefüllten Rouladen aus Kalbsschnitzeln sind nicht nur in Schwaben, sondern im ganzen süddeutschen Raum sehr beliebt.

Für die Füllung Zwiebel schälen, fein hacken. Lauch waschen, trocknen, in dünne Scheiben schneiden. Paprikaschote halbieren. Kerne entfernen, waschen. Paprikaschote und Schinken klein würfeln.
Margarine in einem Topf erhitzen und die vorbereiteten Zutaten darin unter Rühren 10 Minuten schmoren. Salzen. Petersilie waschen, fein hacken. Mit dem Tomatenmark in den Topf geben. 2 Minuten weiterschmoren.
Schnitzel mit Haushaltspapier abtupfen, dünn klopfen. Mit Salz und Paprika bestreuen. Zwei Speckscheiben auf jedes Schnitzel legen. Füllung drauf verteilen. Die Schnitzel zusammenrollen. Mit Zahnstochern feststecken. In Mehl wenden. Margarine in einem Bräter erhitzen. Kalbsvögerl darin in 5 Minuten rundherum anbraten. Heiße Fleischbrühe angießen und 15 Minuten bei mittlerer Hitze zugedeckt schmoren lassen. Kalbsvögerl in einer vorgewärmten Schüssel anrichten. Topf vom Herd nehmen. Sahne reinrühren. Soße über die Kalbsvögerl gießen und servieren.
Beilagen: Salzkartoffeln, Spätzle oder Nudeln und Spargelsalat.

# Kalbsbrust mit Kräuterfüllung

Für die Füllung Speck und geschälte Zwiebel würfeln. Speck in einer Pfanne glasig werden lassen. Zwiebel zugeben und 5 Minuten braten. Pfifferlinge auf einem Sieb abtropfen lassen. Hacken. In die Pfanne geben. Weitere 5 Minuten braten. Abkühlen lassen. In eine Schüssel geben. Petersilie und Dill waschen, trockentupfen und hacken, mit den getrockneten, zerriebenen Kräutern, dem Gehackten, Semmelbröseln, Eiern und saurer Sahne gut zu einer Farce (Fleischteig) kneten. Mit Salz und Pfeffer pikant abschmecken.
Kalbsbrust unter fließendem Wasser abspülen. Mit Haushaltspapier trockentupfen. Mit einem scharfen Messer eine tiefe Tasche schneiden. Farce hineinfüllen. Öffnung mit Zahnstochern zustecken. Mit Salz und Pfeffer einreiben.
Kokosfett in der Fettpfanne erhitzen. Kalbsbrust reingeben. Fettpfanne auf die mittlere Schiene in den vorgeheizten Ofen schieben und das Fleisch 90 Minuten bei 220 Grad garen.
Hin und wieder mit etwas heißer Fleischbrühe übergießen.
Kalbsbrust auf einer vorgewärmten Platte anrichten und warm stellen.
Mit der restlichen heißen Fleischbrühe den Bratfond loslösen. In einen Topf gießen. Erhitzen. Speisestärke in einem Becher mit der Sahne glattrühren. In den Fond geben, unter Rühren aufkochen lassen. Soße gesondert servieren.
Beilage: Kartoffel-Gurken-Salat.

**Zutaten für 8 Personen**

**Für die Füllung:**
**75 g geräucherter durchwachsener Speck**
**1 Zwiebel**
**125 g Pfifferlinge aus der Dose**
**1/2 Bund Petersilie**
**1/2 Bund Dill**
**1 Teelöffel getrockneter Estragon**
**1 Teelöffel getrocknetes Basilikum**
**200 g Rinderhackfleisch**
**75 g Semmelbrösel**
**3 Eier**
**1/10 l saure Sahne**
**Salz**
**Pfeffer**
**Außerdem:**
**1 1/2 kg entbeinte Kalbsbrust**
**Salz**
**Pfeffer**
**80 g weiches Kokosfett**
**1/2 l heiße Fleischbrühe**
**2 Eßlöffel Speisestärke**
**1/8 l saure Sahne**

# Saures Leberle

**Zutaten für 4 Personen**

**500 g Kalbsleber**
**2 Zwiebeln**
**100 g durchwachsener Speck**
**1 Gewürzgurke**
**20 g Margarine**
**1 Eßlöffel Mehl**
**1/8 l heiße Fleischbrühe**
**Salz**
**weißer Pfeffer**
**1 Prise Zucker**
**1 Eßlöffel Essig**
**2 Eßlöffel Weißwein**
**1 Becher saure Sahne**

Innereien sind aus der schwäbischen Küche nicht wegzudenken, zumal sie preiswert zu haben sind und die Zubereitung nicht viel Zeit erfordert.

Kalbsleber mit Haushaltspapier trockentupfen. In schmale Streifen schneiden. Röhren und Hautreste entfernen. Zwiebeln schälen und würfeln. Speck und abgetropfte Gewürzgurke würfeln. Margarine in einem Topf erhitzen. Zwiebeln und Speck reingeben. 3 Minuten braten. Gurke und Leberstücke zugeben. Mehl drüberstäuben und 5 Minuten durchschwitzen lassen. Unter Rühren die Fleischbrühe aufgießen. Mit Salz, Pfeffer, Zucker, Essig und Weißwein würzen. Saure Sahne einrühren. Abschmecken und in einer Schüssel anrichten.
Beilagen: Spätzle oder Kartoffelpüree und gemischter Salat.

Anstelle der Kalbsleber kann man natürlich auch die billigere Schweine- oder Rinderleber verwenden. Aber wenn's fein sein soll, sollte man bei Kalbsleber bleiben.

# Saure Nierle

Nieren säubern, wässern und in feine Scheiben schneiden. Den Speck und die Zwiebel würfeln. Butterschmalz in einem Schmortopf erhitzen und die Speck- und Zwiebelwürfel darin andünsten. Die Nierenscheiben zugeben und anrösten. Alles mit Mehl bestäuben und kurz unter Rühren rösten. Die Brühe angießen und mit Salz und Pfeffer würzen.
Die Nieren ca. 5 Minuten dünsten. Die Sauce mit Essig, Zitronensaft und Rahm verrühren. Die Nieren nochmal abschmecken und gleich servieren. Als Beilage reicht man geröstete Kartoffeln oder Kartoffelpüree.

**Zutaten für 4 Personen**

**500 g Schweine- oder Kalbsnieren**
**20 g durchwachsener Speck**
**1 Zwiebel**
**40 g Butterschmalz**
**1 Eßlöffel Mehl**
**1/4 l Fleischbrühe**
**Salz**
**Pfeffer**
**2 Eßlöffel Weißweinessig**
**1 Eßlöffel Zitronensaft**
**3 Eßlöffel saurer Rahm**

# Herzragout

**Zutaten für 4 Personen**

**1 1/2 kg Rinderherz**
**Salz**
**weißer Pfeffer**
**1 kleines Lorbeerblatt**
**1 Bund Suppengrün**
**1 Zwiebel**
**30 g Butter oder Margarine**
**30 g Mehl**
**1/2 l Kochbrühe**
**1 Eßlöffel Tomatenmark**
**1/8 l Rotwein**
**2 kleine Gewürzgurken**
**30 g Kapern**

Rinderherz längs halbieren. Röhrchen und Hautreste rausschneiden. Unter kaltem Wasser abspülen, mit Haushaltspapier trockentupfen.
2 l Wasser mit Salz, Pfeffer und Lorbeerblatt aufkochen. Herz reingeben. Suppengrün putzen, unter kaltem Wasser abspülen, trockentupfen. In große Stücke schneiden. Zum Herz geben. 80 Minuten kochen. Herz rausnehmen. In einer Schüssel warm stellen. Kochbrühe durchsieben. Im Topf heiß halten.
Zwiebel schälen und fein hacken. Butter oder Margarine in einem Topf erhitzen. Zwiebelwürfel reingeben. 3 Minuten darin rösten. Mehl drüberstäuben. Gut durchschwitzen lassen. Heiße Kochbrühe unter Rühren zugießen. 5 Minuten kochen. Tomatenmark und Rotwein reinrühren. Soße mit Salz und Pfeffer abschmecken. Gurken schälen, fein würfeln. Mit den Kapern reingeben. Rinderherz in etwa 2 cm große Würfel schneiden. In die Soße geben. Noch 10 Minuten durchziehen lassen.
Beilagen: Endivien- oder Feldsalat und Kartoffelpüree oder Spätzle.

# Saure Kutteln

Kutteln, auch Kaldaunen oder Vormägen genannt, kauft man am besten schon vorgekocht beim Metzger, denn die Kochzeit beträgt um die 2 Stunden.

Die vorgekochten Kutteln in feine Streifen schneiden. Das Schmalz in einem Topf erhitzen und die in Scheiben geschnittene Zwiebel hellgelb anschwitzen. Die Kutteln dazugeben, umrühren und mit Salz und Pfeffer würzen. Fleischbrühe oder den Wein angießen (man kann stattdessen auch Apfelmost verwenden) und das Lorbeerblatt einlegen. Die Kutteln etwa 5 Minuten leicht köcheln lassen. Zuletzt den Rahm einrühren und die Kutteln mit Essig fein säuerlich abschmecken.
Dazu schmecken am besten Bratkartoffeln und als Getränk der Wein, den man zum Kochen verwendet hat. Aber auch Most läßt sich dazu trinken.

**Zutaten für 4 Personen**

**500 g gekochte Kutteln**
**50 g Schmalz**
**1 große Zwiebel**
**Salz**
**Pfeffer**
**1/2 l Fleischbrühe oder Weißwein**
**1 Lorbeerblatt**
**1/2 l saurer Rahm**
**1–2 Eßlöffel Weißweinessig**

# Geflügel, Wild und Fisch

# Schwäbischer Gänsebraten

**Zutaten für 6–8 Personen**

**1 junge Mastgans mit Innereien (ca. 3,5 kg)**
**1/2 Bund Suppengrün**
**Salz**
**1 kg Kastanien**
**1 Gänseherz**
**1 Gänseleber**
**200 g Bratwurstfülle (Brät)**
**2 Scheiben Toastbrot, in Milch eingeweicht**
**1 Zwiebel**
**1 Schalotte**
**1 Knoblauchzehe (kann entfallen)**
**2 cl Kirschwasser**
**1 Eßlöffel gehackte Petersilie**
**Pfeffer aus der Mühle**
**Bier zum Bestreichen der Gans**
**1 Teelöffel Zucker**
**Majoran**

Nach diesem Rezept bereiten die meisten Schwaben ihre traditionelle Festtagsgans, die am Martinstag oder zu Weihnachten auf keinem Tisch fehlen darf.

Eine tiefgekühlte Gans am Vorabend aus der Packung nehmen.
Die ausgenommene Gans (Herz und Leber beiseite legen) von innen und außen waschen und mit einem Küchentuch abtrocknen.
Aus dem restlichen Gänseklein, kleingeschnittenem Suppengrün und Salz eine Brühe kochen.
Die Kastanien seitlich einkerben und im Backofen auf der mittleren Schiene etwa 20 Minuten bei 200 Grad backen, sie sollen nicht zu weich sein. Schälen und salzen. Den Backofen anlassen.
Gänseherz, in Stücke geschnittene Gänseleber, Bratwurstfülle und das gut ausgedrückte Toastbrot in einer Küchenmaschine pürieren. Die geschälte, in kleine Würfel geschnittene Zwiebel, Schalotte und Knoblauchzehe sowie die Hälfte des Kirschwassers und einige der in Würfel geschnittenen Kastanien hinzufügen. Füllung herzhaft mit Petersilie, Salz und Pfeffer würzen. In die Gans füllen und mit einem Baumwollfaden zunähen.
Die Gans mit der Brustseite nach unten in eine Bratenpfanne oder auf den Grillrost der Bratenpfanne legen. 1/8 l kochendes Wasser hinzugießen und die Gans auf die untere Schiene in den Backofen stellen. Bei 200 Grad eine gute Stunde braten, dann wenden, die Keulen am unteren

Ende mit einer Gabel einstechen, damit das Fett herausbraten kann, und das bisher ausgetretene Fett abschöpfen. Nach einer weiteren Bratzeit von etwa 1 1/2 Stunden (Bratzeit pro kg Gans 25 Minuten) die Gans mit etwas Bier einpinseln, damit die Haut schön knusprig wird. Dann herausnehmen und warmstellen.
In der Bratzeit der Gans 3 Eßlöffel Gänseschmalz erhitzen, die Kastanien hineinschütten, den Zucker darüberstreuen und unter Wenden braten, bis die Kastanien glasiert sind.
Den Bratensaft entfetten, mit dem restlichen Kirschwasser und einer Tasse Gänsebrühe aufgießen, mit Majoran würzen und einkochen lassen.
Die Füllung vorsichtig aus der Gans holen und in Scheiben schneiden.
Die tranchierte Gans auf einer großen Platte anrichten. Füllung, glasierte Kastanien und die Soße getrennt reichen.
Beilagen: Rosenkohl oder Weinsauerkraut und Kartoffelknödel. Und als Getränk einen Spätburgunder aus Württemberg oder Baden.

# Rehschlegel

**Zutaten für 6 Personen**

**Für den Braten:**
**1,5 kg Rehfleisch (Keule)**
**80 g fetter Speck**
**Salz**
**schwarzer Pfeffer**
**60 g Margarine**
**1/2 l heißes Wasser**
**Für die Soße:**
**2 Eßlöffel Mehl**
**3 Teelöffel Preiselbeergelee**
**1/8 l saure Sahne**
**Salz**
**schwarzer Pfeffer**

Wildgerichte und -rezepte gibt es zuhauf in Schwaben. Ganz oben auf der Liste rangiert der Rehschlegel mit seiner feinsäuerlichen Soße.

Rehfleisch häuten, abspülen und mit Haushaltspapier trockentupfen. Den gut gekühlten Speck in 5 cm lange, 1 cm breite Streifen schneiden. Fleisch damit gegen Faserrichtung spicken. Braten mit Salz und Pfeffer einreiben.
Margarine im Bräter erhitzen. Fleisch rundherum in 10 Minuten darin anbraten. Mit 1/4 l heißem Wasser ablöschen. Zugedeckt in den vorgeheizten Ofen auf die unterste Schiene stellen und das Fleisch 90 Minuten bei 220 Grad schmoren.
Fleisch aus dem Bräter nehmen. Auf eine vorgewärmte Platte legen, zugedeckt warm stellen. Bratfond im Bräter mit dem restlichen heißen Wasser loskochen und durch ein Sieb in einen Topf gießen. Mehl mit Wasser in einem Becher verquirlen. In den Fond rühren, 7 Minuten kochen lassen. Topf vom Herd nehmen. Preiselbeergelee und saure Sahne in die Soße rühren. Soße mit Salz und Pfeffer abschmecken.
Fleisch in Scheiben schneiden. Etwas Soße drübergießen. Die restliche Soße in einer Saucière getrennt reichen. Dazu passen Spätzle oder Kartoffelknödel und Kopfsalat.

Man kann Rehbraten auch mit Bratäpfeln reichen, die man auf dem Rost brät. Dazu schmecken Rotkohl und Röstkartoffeln.

# Rehrücken

**Zutaten für 6 Personen**

**1 Rehrücken mit Halsfleisch und Rippenknochen (ca. 2 kg)**
**2 Eßlöffel Öl**
**1 kleine Zwiebel**
**1 Möhre**
**Schale 1/2 unbehandelten Zitrone**
**8 Pfefferkörner**
**je 1 Zweig Thymian und Rosmarin**
**1/4 l Rotwein**
**Salz**
**Pfeffer aus der Mühle**
**6 Wacholderbeeren**
**3 Eßlöffel Olivenöl**
**1 Eßlöffel Butter**
**200 g Crème fraîche**
**1 Messerspitze scharfer Senf**

Den Rehrücken mit einem spitzen Messer enthäuten. Die Haut mit dem Halsfleisch und den kleingehackten Knochen in dem erhitzten Öl scharf anbraten.
Die geschälte Zwiebel und die geputzte Möhre in kleine Würfel schneiden und mit den Gewürzen und Kräutern zu dem Fleisch geben. Mit dem Rotwein aufgießen und auf die Hälfte einkochen lassen. Die Wildbrühe durch ein Spitzsieb geben.
Den Rehrücken mit Salz, Pfeffer und den zerdrückten Wacholderbeeren einreiben. Olivenöl und Butter in einer Kasserolle auf dem Herd erhitzen und den Rehrücken darin mit der Fleischseite nach unten anbraten.
Den Topf fest mit einem Deckel verschließen und auf die mittlere Schiene in den vorgeheizten Backofen stellen. Das Fleisch in 40 Minuten bei 200 Grad gar braten. Bereits nach 5 Minuten wenden. Häufig mit dem Bratfett begießen. Den Rehrücken in Alufolie wickeln und im geöffneten Backofen warmhalten.
Den Bratensatz entfetten und mit der Wildbrühe aufgießen. Etwas einkochen lassen. Die Crème fraîche an die Soße geben und nochmals einkochen lassen. Mit Senf, Salz und Pfeffer abschmecken.
Das Rehfleisch vorsichtig vom Knochen lösen und in dicke schräge Scheiben schneiden. Zum Servieren das Fleisch wieder auf dem Knochengerüst anrichten. Die Soße getrennt reichen.
Beilage: Hälften von Kompottbirnen mit Preiselbeeren gefüllt und Kartoffelkroketten.

# Reh-Geschnetzeltes

**Zutaten für 4 Personen**

**750 g Rehkeule (ohne Knochen)**
**2 Zwiebeln**
**250 g Pfifferlinge aus der Dose**
**50 g Butter oder Margarine**
**30 g Mehl**
**1/8 l heiße Fleischbrühe**
**1/8 l saure Sahne**
**Salz**
**schwarzer Pfeffer**
**2 Gewürzgurken**
**100 g Perlzwiebeln aus dem Glas**

Fleisch abspülen. Mit Haushaltspapier trockentupfen. Gegen die Faser in hauchdünne Scheiben schneiden. Zwiebeln schälen und fein hacken. Pfifferlinge abtropfen lassen.
Butter oder Margarine in einem Topf erhitzen, das Fleisch darin in 3 Minuten unter Wenden anbraten. Zwiebeln dazugeben. 3 Minuten braten. Dann kommen die Pfifferlinge in den Topf. Mehl drüberstäuben und weitere 2 Minuten mitbraten lassen. Mit heißer Fleischbrühe unter Rühren ablöschen. Zugedeckt 15 Minuten schmoren lassen. Saure Sahne unterrühren. Mit Salz und Pfeffer abschmecken.
Gewürzgurken in feine Streifen schneiden. Mit den abgetropften Perlzwiebeln zum Fleisch geben. Geschnetzeltes in eine vorgewärmte Schüssel geben und servieren.
Beilagen: Kopfsalat und Spätzle oder Schupfnudeln.

# Rehschnitzel in Rahmsoße

Rehschnitzel abspülen und abtrocknen. Mit dem in 1/2 cm dicke Streifen geschnittenen Speck schräg zur Faser spicken. Mit Salz und Pfeffer einreiben. In Mehl wenden.
Öl in einer Pfanne erhitzen. Schnitzel darin auf beiden Seiten je 6 Minuten braten. Sie sollen innen noch leicht rosa sein. Auf einer vorgewärmten Platte anrichten. Bratfond mit 4 Eßlöffel heißem Wasser loskochen. Johannisbeergelee und saure Sahne reinrühren. Soße über die Schnitzel gießen.
Beilage: In Butter geschwenkte Eierspätzle und als Getränk einen Trollinger.

**Zutaten für 4 Personen**

**4 Rehschnitzel (je 150 g)**
**50 g geräucherter fetter Speck**
**Salz**
**schwarzer Pfeffer**
**2 Eßlöffel Mehl**
**4 Eßlöffel Öl**
**1 Eßlöffel Johannisbeergelee**
**1 Becher saure Sahne**

# Schwäbische Kaninchenpastete

**Zutaten für 4 Personen**

**1 Kaninchenrücken (700 g)**
**2 Kaninchenkeulen (600 g)**
**4 Schalotten oder 2 kleine Zwiebeln**
**1 Knoblauchzehe**
**2 Teelöffel Pastetengewürz**
**1/4 l trockener Weißwein**
**1 Paket tiefgekühlter Blätterteig (300 g)**
**Salz**
**1/2 Bund Kerbel oder Petersilie**
**125 g Champignons (frisch oder aus der Dose)**
**125 g Bratwurstbrät**
**weißer Pfeffer**
**Mehl zum Ausrollen**
**2 hartgekochte Eier**
**1 Eigelb zum Bestreichen**
**1/2 Bund Petersilie und 2 Tomaten zum Garnieren**

Kaninchenrücken und -keulen kalt abspülen und trockentupfen. Fleisch von den Knochen lösen. Vollkommen entsehnen. In 1 cm große Würfel schneiden. Schalotten oder Zwiebeln und Knoblauchzehe schälen und fein hacken. Alles zusammen mit Pastetengewürz bestreuen und mit Weißwein begießen. Zugedeckt mindestens 12 Stunden kalt stellen. Blätterteig auftauen. Kaninchenfleisch aus der Beize nehmen, trockentupfen und salzen. Kerbel oder Petersilie waschen, abtrocknen und hacken. Die geputzten bzw. abgetropften Champignons blättrig schneiden. Kerbel und Champignons mit dem Bratwurstbrät mischen. Mit Salz und Pfeffer würzen. Blätterteigplatten übereinander legen und auf einer bemehlten Arbeitsfläche 1/2 cm dick ausrollen. Eine feuerfeste Form (Durchmesser 20 cm) mit kaltem Wasser ausspülen und mit zwei Drittel des Teiges auskleiden. Brätgemisch reingeben. Darüber die geschälten, in Scheiben geschnittenen Eier verteilen. Darauf das Kaninchenfleisch häufen. Überstehenden Teigrand nach innen klappen, mit verquirltem Eigelb bestreichen. Aus dem restlichen Teig einen Deckel in Größe der Form ausstechen. Auf die Pastete legen. Rand gut andrücken. Teigreste als Garnierung obendrauf setzen. Deckel mit dem restlichen Eigelb bestreichen, mit einer Gabel einige Male einstechen. In den vorgeheizten Ofen auf die mittlere Schiene stellen und 30–40 Minuten bei 220 Grad backen. Pastete rausnehmen. Mit Petersilie und Tomatenvierteln garniert servieren.

# Forellen mit Kräutern

Aus dem „Schwäbischen Meer“, so wird der Bodensee in Süddeutschland genannt, stammen angeblich die besten Forellen. Man kann sie braten, grillen oder wie in diesem Rezept im Ofen, mit einer Kräuterfüllung versehen, in Alufolie garen. Diese Zubereitungsart bringt das Aroma der Fische besonders gut hervor.

**Zutaten für 4 Personen**

**2 Bodenseeforellen**
**(möglichst Lachsforellen)**
**4 Eßlöffel Zitronensaft**
**Salz**
**Pfeffer**
**frische Kräuter**
**(z. B. Petersilie, Kresse, Dill, Schnittlauch)**
**100 g Butter**

Die küchenfertigen Forellen waschen, trocknen, mit Zitrone beträufeln und innen und außen mit Salz und Pfeffer würzen. Die Kräuter fein schneiden. In den Bauch jeder Forelle einen Teil der Kräuter und ein Stück Butter geben. 4 ausreichend große Bogen Alufolie mit Butter einfetten, die Fische darauflegen und die Folien locker, aber fest um die Fische schließen.
Die Fischpakete auf den Rost legen und im Backofen bei 220 Grad etwa 15–20 Minuten dämpfen.
Die Forellen sind gar, wenn die Augen glasig sind und sich die Flossen leicht herausziehen lassen.

Die Forellen sofort auf vorgewärmten Tellern anrichten und den ausgetretenen Fischsaft aus den Folien darübergießen.
Beilagen: Zitronenspalten, Dampfkartoffeln und gemischter Salat.

# Felchen blau

**Zutaten für 4 Personen**

**2 l Wasser**
**1 Eßlöffel Salz**
**6 Pfefferkörner**
**2 Nelken**
**1 Lorbeerblatt**
**1 Zwiebel**
**1 Zitronenschnitz**
**1/2 Bund Suppengrün**
**1 Weinglas Essig**
**4 Felchen (etwa 1 kg)**
**Saft einer halben Zitrone**
**1 Zitrone**
**1 Bund Petersilie**

Felchen sind eine kleine, wohlschmeckende Forellenart, die es in Bayerischen Seen, vor allem aber im Bodensee gibt.

Für den Sud Wasser mit Salz aufkochen. Pfefferkörner, die mit den Nelken und dem Lorbeerblatt gespickte Zwiebel, den Zitronenschnitz, das geputzte, ganz gelassene Suppengrün und den Essig reingeben. Leicht köcheln lassen.
In der Zwischenzeit die Felchen vorsichtig ausnehmen, dabei die Haut nicht verletzen, sonst wird der Fisch nicht blau. Unter kaltem Wasser innen und außen abspülen. Mit Zitronensaft beträufeln. Vorsichtig in den Sud gleiten lassen.
20 Minuten darin ziehen lassen.

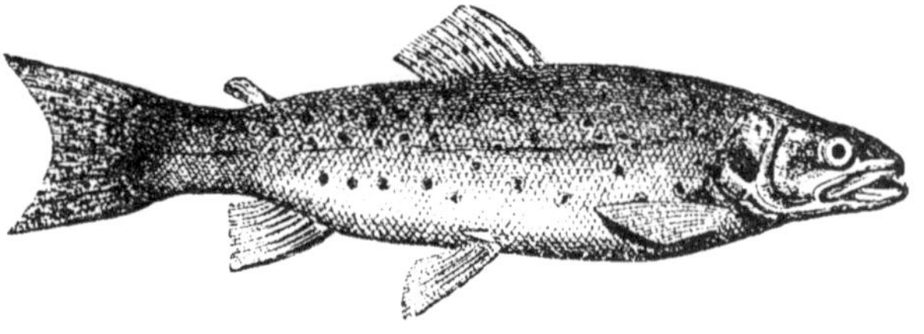

Felchen mit dem Schaumlöffel aus dem Sud nehmen. Auf einer Platte anrichten. Zitrone achteln, Petersilie waschen und trockentupfen. Felchen damit garnieren. Dazu Holländische Soße oder zerlassene Butter und Salzkartoffeln servieren.

# Ganzer Hecht aus dem Ofen

Den geschuppten und ausgenommenen Hecht waschen und mit Küchenpapier trockentupfen. Innen und außen salzen und in Mehl wenden. Überflüssiges Mehl abklopfen.
Die Butter in einem länglichen Schmortopf oder einer länglichen, feuerfesten Form auf dem Herd erhitzen. Den Hecht hineingeben, auf beiden Seiten kurz anbraten. Den Hecht auf die Saftpfanne legen und auf der unteren Schiene im vorgeheizten Backofen etwa 15 Minuten bei 200 Grad garen lassen.
Die Zwiebel schälen und in Würfel schneiden. Die Pfanne aus dem Backofen nehmen. Die Zwiebelwürfel in das heiße Fett geben und im Backofen bei mittlerer Hitze glasig dünsten.
Zitronensaft über den Hecht gießen, dann den Wein und nach und nach die Sahne hinzufügen. Die Soße in der Fettpfanne vorsichtig unter Rühren vermischen und etwa 30 Minuten mindestens um die Hälfte einkochen lassen. Dabei immer wieder den Hecht damit begießen.
Die Petersilie hinzufügen und noch einmal kurz durchkochen lassen. Den Hecht auf einer Platte anrichten. Die Soße getrennt dazu reichen.
Beilage: Hausgemachte Nudeln und Gurkensalat. Als Getränk paßt badischer Riesling, der auch für die Zubereitung der Soße verwendet wurde.

**Zutaten**

**1 küchenfertiger Hecht (ca. 1,5 kg)**
**Meersalz**
**Mehl**
**80 g Butter**
**1 kleine Zwiebel**
**Saft von 1/2 Zitrone**
**0,1 l säuerlicher Weißwein**
**250 g Sahne**
**1 Eßlöffel gehackte Petersilie**

Anstelle von Hecht kann man auch Zander für dieses Rezept verwenden.

# Waller aus dem Wurzelsud

**Zutaten für 4 Personen**

**1 küchenfertiger Waller (ca. 1 kg)**
**Saft von 1 Zitrone**
**Für den Wurzelsud:**
**2 l Wasser**
**1/8 l Weißweinessig**
**1/4 l herber Weißwein**
**2 Eßlöffel Salz**
**1 Prise Zucker**
**2 Zwiebeln**
**je 100 g Karotten, Lauch und Sellerie**
**2 Lorbeerblätter**
**einige Pfefferkörner**
**1 Nelke**
**2 Stengel Petersilie**

Zuerst den Sud vorbereiten. Wasser mit Essig, Wein, Salz und Zucker zum Kochen bringen. Die in Scheiben geschnittenen Zwiebeln und das geputzte, gewürfelte Gemüse sowie die übrigen Zutaten beifügen. Den Sud zugedeckt 1/2 Stunde kochen lassen.
Den Waller waschen, abtrocknen und innen und außen mit dem Zitronensaft beträufeln. Den Fisch in den Sud legen. Alles gerade zum Kochen bringen, abschäumen und den Fisch knapp unter dem Siedepunkt garziehen lassen. Das dauert etwa 20 Minuten. Waller aus dem Sud heben, abtropfen lassen und auf einer vorgewärmten Platte anrichten. Das mitgegarte Gemüse um den Fisch garnieren und gleich servieren.
Dazu reicht man Salzkartoffeln und Gurkensalat sowie zerlassene Butter.

Sie können einen Teil des Fischsuds auch einkochen, kalte Butter darunter schlagen und die Soße getrennt zum Fisch reichen.

# Aal mit Salbeibutter

**Zutaten für 4 Personen**

**1 kg küchenfertiger Aal**
**Salz**
**Pfeffer**
**Saft von 1 Zitrone**
**10–12 frische Salbeiblätter**
**100 g Butter**
**Zitronenachtel**

Den Aal möglichst vom Fischhändler abziehen lassen. Den Fisch in gleichgroße Stücke schneiden und mit dem Zitronensaft einreiben. Dann salzen und pfeffern.
Die Salbeiblätter entstielen. Die Butter in einer Pfanne aufschäumen lassen und die Salbeiblätter darin erwärmen. Die Aalstücke einlegen und bei mäßiger Hitze langsam braten. Dabei öfters drehen. Je nach Dicke der Fischstücke dauert das 10–15 Minuten.

Die Aalstücke aus der Pfanne nehmen, auf einer vorgewärmten Platte anrichten und mit der Salbeibutter beträufeln. Mit Zitronenachteln garniert sofort servieren.
Als Beilage Petersilienkartoffeln und Gurkensalat oder gemischten Blattsalat reichen.

# Knödel und Kartoffelspeisen

# Kartoffelknödel mit Speck

**Zutaten für 4 Personen**

---

**1 kg mehligkochende Kartoffeln**
**Salz**
**3 Brötchen**
**3/4 l Milch**
**125 g durchwachsener Speck**
**2 Zwiebeln**
**je 1/2 Bund Petersilie und Schnittlauch**
**150 g Mehl**
**1 Ei**
**3 Scheiben Weißbrot**
**20 g Butter**
**1 Messerspitze geriebene Muskatnuß**

Kartoffeln unter fließendem Wasser abbürsten. In einem Topf mit gesalzenem Wasser bedeckt 25 Minuten kochen. Wasser abgießen, Kartoffeln abschrecken und abziehen. Abkühlen lassen und durch eine Presse in eine Schüssel drücken.

Brötchen in Milch einweichen. Speck würfeln. In einer Pfanne auslassen. Die geschälten, fein gehackten Zwiebeln dazugeben und in 5 Minuten goldbraun braten. Petersilie und Schnittlauch abspülen, trockentupfen. Petersilie hacken, Schnittlauch fein schneiden. Alles zu den Kartoffeln geben. Mit Mehl und Ei zu einem festen Teig kneten.

Weißbrot in 1 cm große Würfel schneiden. Butter in einer Pfanne erhitzen. Brotwürfel darin 5 Minuten rösten. Mit den ausgedrückten Brötchen in den Teig kneten. Mit Muskat und Salz würzen. Wasser in einem großen Topf aufkochen. Knödel von 5 cm Durchmesser formen. Probeknödel ins kochende Wasser geben und in 20 Minuten gar ziehen lassen. Wenn er richtig ist, Wasser erneut aufkochen. Die Hälfte der Knödel reingeben und wie den Probeknödel gar ziehen lassen. Mit dem Schaumlöffel rausnehmen. Abtropfen lassen und auf einer vorgewärmten Platte warm stellen, bis alle Knödel gar sind.

Wozu reichen? Zu Gänsebraten und Wildgerichten mit Soße.

# Leberklößle

Brötchen mit Wasser in eine Schüssel geben. 15 Minuten weichen lassen. Kalbsleber und Schweinekamm durch die feinste Scheibe des Fleischwolfes drehen. Brötchen ausdrücken. Mit den geschälten Schalotten auch durch den Fleischwolf drehen. Alles in einer Schüssel mischen.

Lauch putzen (alle dunkelgrünen Blätter müssen weg). Mit Schnittlauch und Petersilie unter kaltem Wasser gründlich abspülen. Mit Haushaltspapier trockentupfen und sehr fein hacken. Zum Leberteig geben. Majoran, Salz und Pfeffer zugeben. Mit den Eiern zu einem glatten Teig arbeiten.

Etwa walnußgroße Klößchen daraus formen. In die kochende Fleischbrühe gleiten lassen. 10 Minuten ziehen lassen. Wenn sie an die Oberfläche steigen, sind sie gar.

Wozu reichen? Als Beilage zu Sauerkraut oder anderem Gemüse oder als Einlage für klare Fleischbrühen, Eintopfgerichte und dunkle Ragouts.

**Zutaten für 6 Personen**

**3 Brötchen**
**$^{1}/_{2}$ l Wasser**
**250 g Kalbsleber**
**250 g Schweinekamm ohne Knochen**
**50 g Schalotten**
**$^{1}/_{2}$ Stange Lauch**
**je $^{1}/_{2}$ Bund Schnittlauch und Petersilie**
**1 Prise getrockneter Majoran**
**Salz**
**weißer Pfeffer**
**2 Eier**
**$2^{1}/_{2}$ l Fleischbrühe**

In einigen schwäbischen Gegenden werden Leberklößle nur aus Leber zubereitet. Dafür kommt noch Mehl in den Teig. Gewürzt wird mit Salz, Pfeffer und Muskat.

# Krautknödel

**Zutaten für 4 Personen**

**1 kleiner Kopf Weißkohl (etwa 500 g)**
**Salz**
**weißer Pfeffer**
**4 altbackene Brötchen (200 g)**
**1/8 l Milch**
**50 g geräucherter fetter Speck**
**1 Zwiebel**
**1 Ei**
**40 g Mehl**
**1 Messerspitze geriebene Muskatnuß**
**1 Messerspitze gemahlener Kümmel**
**1 Bund Petersilie**

Weißkohl putzen, vierteln und dabei den Strunk rausschneiden. Kohlviertel waschen. 1 l Wasser mit Salz und Pfeffer in einem Topf sprudelnd aufkochen lassen. Kohl reingeben und zugedeckt 20 Minuten kochen.
In der Zwischenzeit Brötchen 1 cm groß würfeln. In eine Schüssel geben. Mit etwas Salz bestreuen. Milch in einem Topf erwärmen, drübergießen. Weichen lassen.
Kohl mit einem Schaumlöffel aus dem Topf nehmen. Gut abtropfen lassen. Mit einem Messer grob hacken. Abkühlen lassen. Speck und die geschälte Zwiebel würfeln. Speck in einer Pfanne hellbraun braten. Zwiebel reingeben und so lange weiterbraten, bis der Speck knusprig braun ist.
Kohl leicht ausdrücken und in eine Schüssel geben. Speck und Zwiebel drübergießen. Brötchenwürfel, Ei, Mehl, Muskat, Kümmel, Salz und Pfeffer dazugeben und alles zu einem Teig verarbeiten. Petersilie unter fließendem Wasser abspülen, trockentupfen und hacken. In den Teig kneten.
2 l Wasser salzen und in einem großen Topf sprudelnd aufkochen lassen.
Aus dem Teig einen etwa 6 cm großen Probeknödel formen. 15 Minuten in dem Wasser gar ziehen lassen. Rausnehmen und abtropfen lassen. Mit 2 Gabeln aufreißen und prüfen, ob der Knödel locker ist. Ist er zu fest, dem Teig einige Eßlöffel Milch zufügen. Ist er zu weich, etwas Mehl unterkneten. Aus der Teigmasse 8 Knödel formen und wie den Probeknödel garen. Auf einer vorgewärm-

ten Platte anrichten und so lange warm stellen, bis alle Knödel fertig sind.
Wann reichen? Als Beilage zu Schweine- oder Lammbraten oder mit einer Pilzsoße und Salat als fleischloses Mittagessen.

Die Knödel kann man auch mit kurz gedämpftem Sauerkraut machen. Man muß es aber gut auspressen, damit die Knödel nicht zu feucht werden.

# Allgäuer Semmelknödel

**Zutaten für 4 Personen**

**10 altbackene Semmeln**
**Salz**
**1/2 l heiße Milch**
**1 Zwiebel**
**40 g Butter**
**1 Bund Petersilie**
**3 Eier**
**100 g Mehl**
**1 l Fleischbrühe**

Semmeln in feine Scheiben schneiden. Mit gesalzener, heißer Milch übergießen. Durchziehen lassen. Zwiebel schälen, fein würfeln, in heißer Butter goldgelb rösten. Petersilie waschen und hacken. In die Semmelmasse geben. Dazu Eier und Mehl. Gut mischen. Fleischbrühe zum Kochen bringen. Mit feuchten Händen Knödel mittlerer Größe formen. In der Fleischbrühe sieden lassen (nicht kochen, sonst zerfallen sie). Nach knapp 10 Minuten steigen die Knödel an die Oberfläche und sind gar.
Wozu reichen? Als Beilage zu Rinderbraten oder säuerlichen Gerichten aus Innereien oder als Einlage in einer guten Fleischbrühe.

# Zwetschgenknödel

**Zutaten für 4 Personen**

- 500 g gekochte, kalte Kartoffeln
- 1 Prise Salz
- 1 Ei
- 2 gehäufte Eßlöffel Mehl
- 8 entsteinte Zwetschgen
- 8 Zuckerwürfel
- 50 g Butter
- 4 Eßlöffel Semmelbrösel
- 2 Eßlöffel Zucker
- 1 Eßlöffel Zimt

Zwetschgenknödel schmecken am besten, wenn man sie mit den kleinen Spätzwetschgen bereitet. Die schmecken besonders süß und saftig.

Kartoffeln durch den Fleischwolf drehen. Salz, Ei und Mehl zugeben. Gut mischen. Teig 1 cm dick ausrollen und in 8 Quadrate teilen.
Zwetschgen mit je einem Zuckerwürfel füllen und auf die Teigstücke legen. Teig um die Zwetschgen zu Knödeln formen. In kochendes, gesalzenes Wasser geben. 15 Minuten ziehen lassen.
Butter zerlassen. Semmelbrösel darin goldbraun rösten. Zucker und Zimt mit erhitzen. Auf die abgetropften Knödel geben.

Zwetschgenknödel kann man mit Zwetschgenkompott als süßes Hauptgericht servieren oder als sättigendes Dessert nach einem leichten Essen.

# Röst- oder Bratkartoffeln

Die Kartoffeln waschen und in der Schale nicht zu weich dämpfen. Nach dem Kochen schälen und in gleichgroße Scheiben oder Würfel schneiden.
Schmalz in der Pfanne erhitzen und die gewürfelte Zwiebel darin glasig dünsten. Die Kartoffeln und die Gewürze dazugeben und unter Wenden mit einer Backschaufel knusprig braun braten. Dabei darauf achten, daß sie nicht anbrennen.
Vor dem Anrichten nochmals nachwürzen und nach Belieben mit gerebeltem Majoran oder gehackter Petersilie bestreuen.

Röstkartoffeln serviert man im Schwäbischen gerne zu sauren Kutteln oder Nieren. Sie schmecken aber auch, wenn sie zu Spiegeleiern oder einer kalten Sülze gereicht werden.

**Zutaten für 4 Personen**

**1 kg festkochende Kartoffeln**
**2 Eßlöffel Schweineschmalz oder Butterschmalz**
**1 Zwiebel**
**Salz, Pfeffer**
**Kümmel**

# Schupfnudeln oder Buabaspitzle

**Zutaten für 4 Personen**

**1 kg gekochte Kartoffeln vom Vortag**
**Salz**
**1/2 Teelöffel geriebene Muskatnuß**
**1 Ei**
**150 g Mehl**
**Mehl zum Formen**
**30 g Butter oder Margarine**

Schupfnudeln oder Buabaspitzle sind fingerförmige Kartoffelnudeln und eine schwäbische Spezialität, die aber auch in der Pfalz und im Saarland bekannt ist.

Die am Vortag gekochten und geschälten Kartoffeln in eine Schüssel reiben. Mit Salz, Muskatnuß, Ei und Mehl zu einem festen Teig kneten. Diesen auf ein bemehltes Backbrett legen. Dann kleine Rollen von knapp 1 cm Durchmesser formen, die in 4 cm lange Stücke geschnitten werden. In einem geräumigen Topf reichlich Salzwasser zum Kochen bringen. Die Schupfnudeln reingeben und in 10 Minuten gar ziehen lassen.
Nudeln gut abtropfen lassen. 30 g Butter oder Margarine in einer Pfanne erhitzen. Die Hälfte der Nudeln reingeben und in 10 Minuten goldbraun braten. Dabei immer wieder vorsichtig wenden. Die Nudeln rausnehmen und auf einer vorgewärmten Platte so lange warm stellen, bis die restlichen Schupfnudeln fertig sind.
Wozu reichen? Als Beilage zu Schweine-, Rinder- oder Wildbraten und auch zu gekochtem Kraut.

Schupfnudeln schmecken auch mit Speck gebraten oder mit Käse überbacken als Mittag- oder Abendessen. Dann servieren Sie dazu eine große Schüssel mit Kopfsalat oder gemischtem Salat.
Als Nachtisch nach einem leichten Essen schmecken süße Schupfnudeln. Sie werden wie beschrieben zubereitet, aber nicht mit Muskatnuß

gewürzt. Nach dem Sieden werden sie in eine Schüssel gegeben. 50 g Butter in einer Pfanne erhitzen und 2 Eßlöffel Zucker, 2 Eßlöffel Semmelbrösel und 1/2 Teelöffel Zimt darin rösten. Über die Nudeln gießen und sofort servieren. Wer will, kann noch Kompott, z. B. aus Zwetschgen dazu reichen.

# Saures Kartoffelgemüse

Die Schwaben sagen zu dem Kartoffelgemüse Kartoffelrädle, weil die Kartoffeln in runde Scheiben geschnitten werden.

**Zutaten für 4 Personen**

**750 g festkochende Kartoffeln**
**40 g Butter**
**30 g Mehl**
**1 Zwiebel**
**1/2 l Fleischbrühe**
**1 Nelke**
**2 Lorbeerblätter**
**getrocknetes Liebstöckel**
**3–4 Eßlöffel milder Weißweinessig nach Geschmack**
**Salz**
**1 Bund Petersilie**

Die Kartoffeln waschen und in der Schale kochen. Nach dem Abdampfen schälen und in gleichmäßig dicke Scheiben schneiden.
Aus Butter, Mehl, der feingehackten Zwiebel eine helle Mehlschwitze herstellen. Unter Rühren die Fleischbrühe aufgießen. Nelke, Lorbeerblätter und Liebstöckel beifügen und die Soße 30 Minuten unter gelegentlichem Rühren durchkochen. Dann den Essig einrühren.
Nelke und Lorbeerblätter aus der Soße fischen und die Kartoffelscheiben zugeben. Alles etwas erhitzen und durchziehen lassen.
Das Gemüse mit Salz und Essig abschmecken und in eine Schüssel füllen. Mit gehackter Petersilie bestreut zu Fleischküchlein oder Bratwürsten servieren.

# Krautschupfnudeln

**Zutaten für 4 Personen**

**400 g Kartoffeln**
**300 g Mehl**
**1 kleines Ei**
**Salz**
**2 große Zwiebeln**
**100 g Schmalz**
**500 g Sauerkraut**

Kartoffeln kochen, pellen und durch eine Presse drücken oder mit der Gabel zerdrücken. Mit Mehl, Ei und Salz zu einem glatten Teig verkneten.
Den Teig portionsweise auf ein Brett streichen und mit einem Schaber bleistiftdicke Streifen in siedendes Salzwasser schupfen. Wenn sie aufschwimmen, mit einem Schaumlöffel herausnehmen und auf einem Holzbrett abtropfen lassen.

Zwiebeln schälen, halbieren und in Scheiben schneiden. In einer festen Kasserolle im Schmalz weichdünsten. Das Sauerkraut darin 15 Minuten schmoren.
Die abgekühlten Schupfnudeln unterheben und alles zusammen kroß braten. Mit Salz abschmecken und servieren.

# Kartoffel-Käse-Auflauf

Kartoffeln schälen, waschen und vierteln. In einem Topf mit gesalzenem Wasser bedeckt 20 Minuten kochen. Wasser abgießen und die Kartoffeln ausdämpfen lassen. Durch eine Presse oder ein Sieb in eine Schüssel passieren.
Dann Milch, Eigelb, Mehl und den Emmentaler unterrühren. Mit Salz und Pfeffer würzen. Eiweiß in einer Schüssel steif schlagen. Unterheben. Feuerfeste Form mit Margarine einfetten. Die Masse einfüllen und glattstreichen. Die Butter in Flöckchen draufsetzen.
Form in den vorgeheizten Ofen auf die mittlere Schiene stellen und den Auflauf 45 Minuten bei 200 Grad backen.
Auflauf aus dem Ofen nehmen. Mit gewaschenem, trockengetupftem, fein geschnittenem Schnittlauch bestreut sofort in der Form servieren.
Beilage: Gurken- oder Tomatensalat.

**Zutaten für 4 Personen**

**1 kg Kartoffeln**
**Salz**
**1/2 l heiße Milch**
**3 Eigelb**
**15 g Mehl**
**150 g geriebener Emmentaler oder Bergkäse**
**weißer Pfeffer**
**3 Eiweiß**
**Margarine zum Einfetten**
**40 g Butter**
**1 Bund Schnittlauch**

# Gemüse und Salate

# Rahmwirsing

**Zutaten für 4 Personen**

**1 Wirsing (ca. 1 kg)**
**1 kleine Zwiebel**
**2 Eßlöffel Gänseschmalz**
**1/4 l Fleischbrühe**
**1 Teelöffel Kümmel**
**1 Prise frisch geriebene Muskatnuß**
**Pfeffer**
**Salz**
**100 g saure Sahne**

Den Wirsing von welken Blättern befreien, vierteln, waschen und abtropfen lassen. Den Strunk herausschneiden und die Blätter in grobe Streifen schneiden.
Zwiebel hacken und im Schmalz kurz anbraten. Dann den Wirsing zugeben und anschmoren. Heiße Brühe zugießen, mit Kümmel, Muskat und Pfeffer würzen. 20 Minuten sanft dünsten. Dabei gelegentlich umrühren.
Zum Schluß das Wirsinggemüse mit Pfeffer und Salz abschmecken und die saure Sahne unterziehen.
Wozu reichen? Rahmwirsing paßt gut zu gekochtem Rindfleisch, zu Wild oder zu Fleischküchle.

Noch feiner, aber auch gehaltvoller ist der Wirsing, wenn Sie anstelle von saurer Sahne die gleiche Menge Crème fraîche verwenden. Dazu knusprig gebratene Schupfnudeln (Rezept Seite 72) – und fertig ist ein delikates, vegetarisches Mittagessen.

# Weinkraut

Das Sauerkraut kurz mit Wasser abbrausen und gut ausdrücken. Sauerkraut aus Dosen braucht nicht gewaschen zu werden. Die geschälte Zwiebel und die geschälten, entkernten Äpfel in Scheibchen schneiden.
Das Fett in einem Schmortopf erhitzen und die Zwiebelscheiben darin glasig braten. Die Apfelscheiben hinzufügen und ebenfalls kurz andünsten.
Das Sauerkraut und die Gewürze hinzufügen. Kurze Zeit durchschmoren lassen. Mit Wein und Wasser aufgießen, eine Prise Zucker hinzugeben und das Kraut gut zugedeckt in einer Stunde bei leichter Hitze kochen lassen. Vor dem Servieren das Lorbeerblatt und die Nelken entfernen.
Weinkraut reicht man zu Wildbraten oder zu Leberspätzle und Speckknödel.

**Zutaten für 4 Personen**

**750 g Sauerkraut**
**1 Zwiebel**
**3 säuerliche Äpfel**
**3 Eßlöffel Gänseschmalz, Butter oder Öl**
**1/2 Lorbeerblatt**
**2 Nelken**
**je 5 Wacholderbeeren und schwarze Pfefferkörner**
**1/2 Teelöffel Kümmel**
**1/8 l trockener Weißwein**
**1/8 l Wasser**
**1 Prise Zucker**

# Schwäbische Speckbohnen

**Zutaten für 4 Personen**

**1 kg grüne Bohnen**
**1/2 l Fleischbrühe**
**Salz**
**schwarzer Pfeffer**
**1 Zweig Bohnenkraut**
**3 Zwiebeln**
**8 Scheiben Frühstücksspeck**
**30 g Mehl**

Bohnen putzen, wenn nötig, fädeln, dann waschen. Auf einem Sieb abtropfen lassen und ein- oder zweimal brechen. Fleischbrühe in einem Topf aufkochen. Die vorbereiteten Bohnen zugeben. Mit Salz und Pfeffer würzen und Bohnenkraut mit in den Topf geben. Zugedeckt 20 Minuten kochen.

Zwiebeln schälen, fein hacken. In einem anderen Topf Speckscheiben in 5 Minuten knusprig braten. Rausnehmen und warm stellen. Zwiebeln im Speckfett 1 Minute braten. Mehl zugeben und in 3 Minuten bräunen. Bohnenbrühe unter Rühren langsam zugießen. Einmal aufkochen lassen. Bohnen ohne das Bohnenkraut in den Topf geben. Anschließend noch einmal 10 Minuten kochen lassen.

Die Bohnen abschmecken. In einer vorgewärmten Schüssel anrichten. Vor dem Servieren mit Speckscheiben belegen.

Beilage zu Salzkartoffeln oder Spätzle.

Ein noch nahrhafteres Gemüsegericht wird aus den Bohnen, wenn Sie Fleisch- oder Schinkenwurst in 1/2 cm dicke Scheiben schneiden, kurz in Butter braten und mit dem Speck auf den Bohnen anrichten.

# Schwarzwurzelgemüse

Schwarzwurzeln werden in Schwaben auch „Armeleutespargel“ genannt. Das Putzen ist etwas mühsam (am besten macht man das mit Handschuhen), aber sie schmecken sehr gut und stehen dem königlichen Spargel in nichts nach.

**Zutaten für 4 Personen**

**1 kg Schwarzwurzeln**
**1 Eßlöffel Mehl**
**4 Eßlöffel Essig**
**Salz**
**1 Eßlöffel Zitronensaft**
**1 Bund Petersilie**
**Für die Soße:**
**40 g Butter**
**40 g Mehl**
**1/4 l Fleischbrühe**
**1/4 l Milch**
**1/8 l Sahne**
**Salz**
**weißer Pfeffer**
**je 1 Prise Zucker und abgeriebene Muskatnuß**
**1 Eßlöffel Zitronensaft**
**1 Eßlöffel gehackte Petersilie**

Die Schwarzwurzeln waschen, abschaben oder schälen und sofort in Wasser, das man mit dem Mehl und Essig verrührt hat, legen, damit sie nicht braun werden. Dabei in ca. 5 cm Stücke schneiden. In einem Topf Wasser mit Salz und Zitronensaft zum Kochen bringen und die Schwarzwurzeln bei nicht zu großer Hitze weich kochen. Das dauert etwa 30 Minuten.
Inzwischen die Soße herstellen. Butter in einem Topf schmelzen lassen, das Mehl darin unter Rühren anschwitzen. Den Topf vom Herd nehmen und nach und nach die Fleischbrühe und die Milch unter Rühren mit dem Schneebesen angießen. Die Soße wieder auf den Herd stellen und unter häufigem Umrühren 20 Minuten durchkochen. Dann die Sahne beigeben, nochmals aufkochen und mit Salz, Pfeffer, Zucker, Muskat und Zitronensaft abschmecken. Die weichgekochten Schwarzwurzeln aus dem Kochwasser heben, abtropfen lassen und in die heiße Soße legen. Kurz durchziehen lassen und mit gehackter Petersilie bestreut auftragen.
Beilage: Schwarzwurzelgemüse kann man zu Fisch oder gebratenem Fleisch servieren. Es schmeckt aber auch, wenn man dazu nur gekochte Kartoffeln reicht.

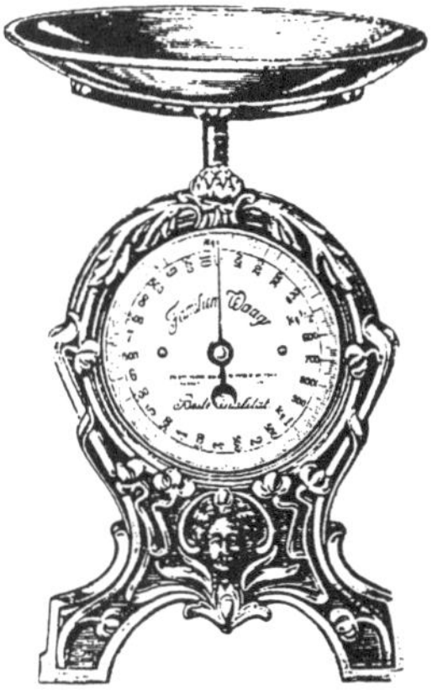

# Pilzragout

**Zutaten für 4 Personen**

**500 g gemischte Waldpilze (geputzt gewogen)**
**2 grüne Paprikaschoten (250 g)**
**3 Zwiebeln**
**1 Knoblauchzehe**
**50 g Schweineschmalz**
**1/8 l heiße Fleischbrühe**
**Salz**
**1/4 Teelöffel Oregano**
**1 Messerspitze Cayennepfeffer**
**1/8 l saure Sahne**
**1 Eßlöffel Mehl**

Pilze säubern und in große Stücke schneiden. Paprikaschoten halbieren, entkernen, waschen und in 2 cm breite Streifen schneiden. Zwiebeln und Knoblauchzehe schälen. Zwiebeln in Ringe, Knoblauch in Würfel schneiden. Schmalz in einem Topf erhitzen. Zwiebeln und Knoblauch darin in 5 Minuten hellgelb braten. Pilze und Paprika dazugeben und 5 Minuten zugedeckt dünsten. Heiße Fleischbrühe angießen. Salz, Oregano und Cayennepfeffer zugeben. 20 Minuten leicht kochen. Sahne und Mehl verrühren. Die Mischung in das Ragout gießen, umrühren und noch 5 Minuten köcheln lassen.
Beilagen: Spätzle, Salzkartoffeln oder Semmelknödeln.

# Schwäbischer Kartoffelsalat

**Zutaten für 4 Personen**

**750 g festkochende Kartoffeln**
**200 g durchwachsener Speck**
**150 g gekochter Schinken**
**2 Gewürzgurken**
**1/4 l heiße Fleischbrühe**
**Für die Marinade:**
**4 Eßlöffel Öl**
**2 Eßlöffel Weinessig**
**Salz**
**weißer Pfeffer**
**Außerdem:**
**1/2 Kopf Endiviensalat**

Kartoffeln unter fließendem Wasser abbürsten. In einem Topf mit Wasser bedeckt 30 Minuten zugedeckt kochen lassen.
In der Zwischenzeit Speck fein würfeln. In einer Pfanne in 8 Minuten hellbraun braten. Den Schinken vom Fett befreien und würfeln. Die Gewürzgurken werden auch gewürfelt. Gurken- und Schinkenwürfel mit dem ausgelassenen Speckfett und den -grieben in einer Schüssel mischen. Kartoffeln abgießen, mit kaltem Wasser abschrecken und sofort schälen. In dünne Scheiben schneiden und in die Schüssel geben. Mit heißer Fleischbrühe übergießen. 10 Minuten zugedeckt ziehen lassen.
In der Zwischenzeit für die Marinade Öl und Essig in einer Schüssel verrühren. Mit Salz und Pfeffer abschmecken. Über den Salat gießen.
Endiviensalat putzen, in kaltem Wasser gründlich waschen. Abtropfen lassen. In feine Streifen schneiden. Vorsichtig unter den Salat heben. Sofort servieren.

Eine weitere schwäbische Kartoffelsalatvariante: Anstelle von Endiviensalat mischt man eine vorher eingesalzene, gehobelte Salatgurke unter. Dann läßt man den Speck und die Gewürzgurken weg.

# Kartoffel-Krautsalat

**Zutaten für 4 Personen**

**600 g festkochende Kartoffeln**
**Salz**
**1/4 Weißkohl (ca. 300 g)**
**1 Eßlöffel Griebenschmalz**
**3 Eßlöffel Öl**
**2 Eßlöffel Essig**
**(z. B. Apfelessig)**
**weißer Pfeffer**

Kartoffeln waschen und in Salzwasser garen. Dann heiß schälen und in nicht zu dünne Scheiben schneiden. Etwas Kochwasser aufbewahren.

In der Zwischenzeit geputzten, gewaschenen Kohl fein hobeln und im heißen Griebenschmalz hell anrösten.

Aus Öl und Essig, 1 Eßlöffel Kartoffelbrühe, Pfeffer und Salz eine Marinade rühren. Das geschmorte Kraut behutsam unter die Kartoffelscheiben heben. Mit der Marinade begießen und ebenso vorsichtig durchmischen. Den Salat ca. 1/4 Stunde bei Zimmertemperatur durchziehen lassen.

Wozu reichen? Den deftigen Salat kann man warm als Beilage zu Fleischspeisen servieren. Besonders gut paßt er zu Fleischküchle oder Bratwürsten.

# Schwetzinger Spargelsalat

Den Spargel schälen und auf gleiche Länge schneiden. Gut 2 l Wasser mit Salz und Zucker zum Kochen bringen, den Spargel einlegen und je nach Dicke der Stangen in ca. 15 Minuten weichkochen.
Die Spargelstangen mit einem Schaumlöffel aus dem Sud heben und auf einer tiefen Platte anrichten.
Für die Soße Essig, Salz, Zucker, Spargelsud und Öl gut verrühren und gleichmäßig über den Spargel gießen. Den Salat erkalten lassen und vor dem Servieren mit gehacktem Schnittlauch oder Petersilie bestreuen.
Beilage zu Kalbsbraten oder Kalbsvögerl.

**Zutaten für 4 Personen**

**1 kg frischer, weißer Spargel**
**Salz**
**1 Teelöffel Zucker**
**1 Bund Schnittlauch**
**oder Petersilie**
**Für die Sauce:**
**3–4 Eßlöffel Weißweinessig**
**Salz**
**1 Prise Zucker**
**1/2 Tasse Spargelsud**
**5 Eßlöffel Öl**

# Rote Rüben-Salat

Sahne steif schlagen. Zitronensaft, Meerrettich, Senf, Salz und Zucker in einer anderen Schüssel mischen. Sahne unterheben. Abschmecken.
Rote Rüben in Stifte schneiden, Äpfel schälen, halbieren, entkernen, auch in Stifte schneiden. Salatzutaten und Marinade mischen. Schnittlauch waschen, trockentupfen, kleinschneiden und über den Salat streuen. Sofort servieren.
Wozu reichen? Zu gekochtem Rindfleisch, Pökelfleisch oder großen Braten. Auch nicht zu verachten mit Bratkartoffeln und Spiegelei.

**Zutaten für 4 Personen**

**1/8 l Sahne**
**1 Eßlöffel Zitronensaft**
**1 Eßlöffel geriebener**
**Meerrettich aus dem Glas**
**1/2 Teelöffel Senf**
**Salz**
**1 Prise Zucker**
**500 g gekochte Rote Rüben**
**2 saure Äpfel (250 g)**
**1 Bund Schnittlauch**

# Salzige und süße Mehlspeisen

# Eierhaber

**Zutaten für 4 Personen**

---

**250 g Mehl**
**Salz**
**Muskat**
**$^{3}/_{8}$ l Milch**
**3 Eier**
**Butter oder Margarine zum Braten**

Eierhaber ist so etwas wie der berühmte Wiener Kaiserschmarrn. Er kommt allerdings aus der schwäbischen Küche und es fehlen ihm die Rosinen, und, wie bei unserem Rezept, auch der Puderzucker. Denn der Eierhaber wird meistens mit pikanten Beilagen gegessen. Süß ist er eine Ausnahme.

Mehl mit Salz und Muskat mischen, mit $^{2}/_{8}$ l Milch glattrühren. Eigelb und Eiweiß trennen. Eigelb mit der restlichen Milch verrühren. Eiweiß zu Schnee schlagen. Beides nach und nach unter den Teig heben.
Butter oder Margarine in einer Pfanne erhitzen.
1 Schöpflöffel Teig hineingeben. Einen Eierkuchen auf beiden Seiten goldgelb backen. Mit dem Wender zerreißen. Die Stücke leicht braun werden lassen. Warm stellen. Mit dem restlichen Teig ebenso verfahren.
Beilage: Endiviensalat oder gemischter Salat.

Eierhaber wird in Schwaben auch zu Stangenspargel und rohem oder gekochtem Schinken serviert.

# Eierhaber mit Pfifferlingen

Pfifferlinge putzen. Unter fließendem kaltem Wasser abspülen und auf einem Sieb abtropfen lassen. Große Pilze halbieren. Reichlich Wasser mit Salz in einem Topf aufkochen. Pfifferlinge reingeben. 3 Minuten kochen und abgießen. Zwiebeln schälen und fein hacken. Butter in einem Topf erhitzen. Abgetropfte Pilze und Zwiebeln reingeben. Mit Salz und weißem Pfeffer würzen. 5 Minuten braten. Petersilie unter kaltem Wasser abspülen. Mit Haushaltspapier trockentupfen. Fein hacken und zu den Pfifferlingen geben. Weitere 5 Minuten schmoren lassen.
In der Zwischenzeit für den Eierhaber Mehl, Eigelb, saure Sahne und Milch in einer Schüssel verschlagen. Mit Salz und Pfeffer kräftig würzen. Eiweiß in einer anderen Schüssel steif schlagen. Zur Eigelbmasse geben. Unterrühren. Pfifferlinge auch zugeben.
Etwas Butter oder Margarine in einer Pfanne erhitzen. Einen Schöpflöffel Teig reingeben. Auf beiden Seiten in 4 Minuten goldgelb werden lassen. Mit dem Bratenwender zerreißen. Die Stücke in 2 Minuten hellbraun werden lassen. Auf eine vorgewärmte Platte geben. Warm stellen, bis alles fertig ist. Dann sofort z. B. mit Gurken- oder Tomatensalat servieren.

**Zutaten für 4 Personen**

**500 g frische Pfifferlinge**
**Salz**
**2 Zwiebeln**
**30 g Butter**
**weißer Pfeffer**
**1 Bund Petersilie**
**Für den Eierhaber:**
**150 g Mehl**
**6 Eigelb**
**1/8 l saure Sahne**
**1/4 l Milch**
**Salz**
**weißer Pfeffer**
**6 Eiweiß**
**40 g Butter oder Margarine zum Braten**

# Semmelauflauf mit Pilzen

**Zutaten für 4 Personen**

**5 Brötchen vom Vortag**
**3/8 l heiße Milch**
**500 g Waldpilze**
**1 Zwiebel**
**50 g durchwachsener geräucherter Speck**
**2 Eßlöffel Butter**
**1 Eßlöffel gehackter Kerbel**
**Salz**
**schwarzer Pfeffer**
**3 Eier, getrennt**
**frischgeriebene Muskatnuß**
**100 g Emmentaler**
**Butterflöckchen und Butter für die Form**

Eine Auflaufform dick mit Butter einfetten. Die Brötchen in dünne Scheiben schneiden, mit der Milch übergießen und stehen lassen. Die Pilze putzen, waschen und trocknen lassen. Zwiebel und Speck würfeln.
Von der Butter 1 Eßlöffel in einer Pfanne erhitzen. Zwiebel- und Speckwürfel darin glasig braten, die Pilze hinzufügen und etwa 10 Minuten durchschmoren. Mit dem Kerbel vermischen und würzen.
Brötchen gut ausdrücken, in der restlichen Butter anrösten und abkühlen lassen. Eigelb mit der Einweichmilch, Salz und Muskat verquirlen und mit der Brotmasse vermischen.

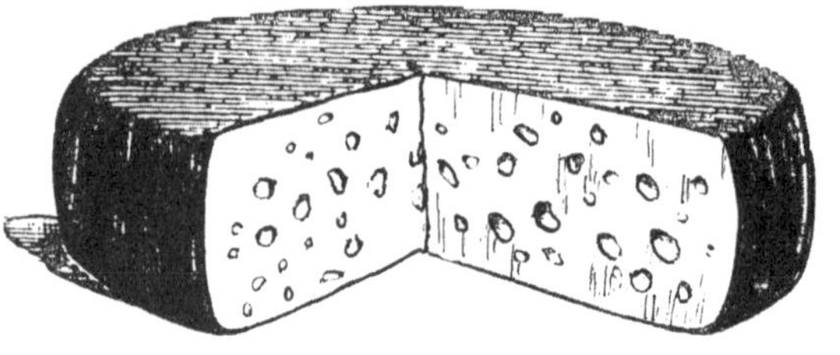

Käse grob reiben, Pilze und Käse mit der Semmelmasse vermischen. Eiweiß steif schlagen und unter den Teig ziehen. In die Auflaufform füllen, mit Butterflöckchen besetzen und auf der mittleren Schiene im vorgeheizten Backofen in 30–40 Minuten bei 200 Grad goldbraun backen.
Mit einem gemischtem Salat servieren.

# Zwiebelkuchen

Herbstzeit ist Zwiebelkuchenzeit. Überall in der Weingegend wird er zu jungem Wein oder Most serviert. Man ißt ihn in Schwaben in Quadrate geschnitten direkt aus der Hand.

Mehl mit Salz in einer Schüssel vermischen, in die Mitte eine Vertiefung drücken, Hefe hineinbröckeln und mit 1/8 l Milch verrühren. Zugedeckt 20 Minuten gehen lassen.
Die Butter in der restlichen Milch schmelzen, zum Teig geben und glatt verkneten. So lange schlagen, bis er sich vom Schüsselboden löst. Zugedeckt an einem warmen Ort 1 Stunde gehen lassen.
Zwiebeln in Ringe schneiden, Speck würfeln und glasig braten. Die Zwiebelringe hinzufügen und glasig dünsten.
In einer Schüssel Eier, saure Sahne mit Salz, Pfeffer und Kümmel verquirlen. Die Eiersahne mit den abgekühlten Zwiebelringen vermischen.
Den Backofen auf 200 Grad vorheizen. Den Teig ausrollen und auf ein gefettetes Backblech legen. Das Speck-Zwiebel-Gemisch auf dem Teig verteilen. Den Kuchen auf mittlerer Schiene des Backofens in 35–40 Minuten backen. In 8–12 Quadrate schneiden und warm servieren.

**Zutaten für 8–12 Stücke**

**Für den Teig:**
**500 g Mehl**
**1 Teelöffel Salz**
**20 g frische Hefe**
**1/4 l lauwarme Milch**
**60 g Butter**
**Fett für das Backblech**
**Für den Belag:**
**1 kg Zwiebeln**
**150 g durchwachsener Speck**
**3 Eier**
**250 g saure Sahne**
**Salz**
**schwarzer Pfeffer**
**1 Teelöffel Kümmel**

# Griebenkuchen

**Zutaten für 25 Stücke**

**300 g Mehl**
**20 g Hefe**
**1 Prise Zucker**
**knapp 1/8 l lauwarme Milch**
**300 g frischgekochte Kartoffeln**
**2 Eier**
**Salz**
**frischgemahlener schwarzer Pfeffer**
**250 g Grieben**
**Margarine zum Einfetten**

Wer ihn backen will, muß zuvor Schmalz bereiten. Denn Grieben oder Grammeln sind die festen Teile, die übrig bleiben, wenn man Flomen, also Schweinefettlappen, zu Schmalz ausläßt.
Von etwa 1 kg Flomen erhalten Sie rund 250 g Grieben, denen noch viel Fett anhaftet. Sie können für das Schmalz auch sogenannten grünen Speck (frischen, ungeräucherten) verwenden und dann die Grieben nehmen. Lassen Sie das Fett aus, fischen Sie die Grieben mit einem Schaumlöffel heraus und lassen Sie sie gut abtropfen.

Mehl in eine Schüssel geben. In die Mitte eine Mulde drücken und die Hefe reinbröckeln. Mit dem Zucker, etwas Milch und etwas Mehl zum Vorteig verrühren. Mit Mehl bestäuben, mit einem Küchentuch bedeckt 20 Minuten an einem warmen Ort gehen lassen.
In der Zwischenzeit die Kartoffeln schälen und durch eine Kartoffelpresse drücken. Dann die restliche Milch, die aufgeschlagenen Eier, etwas Salz und Pfeffer zum Vorteig geben und unterkneten. Die noch nicht ganz abgekühlten Kartoffeln und die leicht erwärmten Grieben über den Teig schütten. Alles gut durchkneten. Den Teig so lange schlagen, bis er sich vom Schüsselrand löst. Zugedeckt noch mal 30 Minuten gehen lassen.
Teig mit einem abgespülten Löffel auf das eingefettete Backblech streichen und noch mal 10 Minuten gehen lassen.
Blech in den vorgeheizten Ofen auf die mittlere

Schiene schieben und den Kuchen 40 Minuten bei 200 Grad backen.
Blech aus dem Ofen nehmen. Kuchen in 25 Stücke schneiden und noch warm servieren.

Griebenkuchen schmeckt vor allem zu frischem Bier und jungem Wein. Wer mag, kann den Teig zusätzlich noch mit Majoran oder Kümmel würzen.

# Hefefladen aus der Pfanne

**Zutaten für 10 Fladen**

**500 g Mehl**
**60 g Butter**
**2 Eier**
**$^1/_4$ l Milch**
**20 g Hefe**
**1 Prise**
**Öl zum Ausbacken**

Aus Mehl, Butter, Eiern, Milch und Hefe einen festen Hefeteig kneten. Den Teig mindestens 1 Stunde an einem warmen Ort zugedeckt gehen lassen.
Den Teig in Stücke teilen und auf einem bemehlten Backbrett zu dünnen, runden Fladen ausrollen (die schwäbische Hausfrau zieht in angeblich über das Knie).
Öl in einer Pfanne erhitzen und die Fladen nacheinander darin unter einmaligem Wenden ausbacken.
Wozu reichen? Als Imbiß zu einem gemischten Salat oder zu Käse und Wurst.

# Käse-Zwiebel-Wähe

**Zutaten für 12 Stücke**

**Für den Teig:**
**250 g Mehl**
**4 Eßlöffel eiskaltes Wasser**
**1 kräftige Prise Salz**
**125 g Butter oder Margarine**
**Für die Füllung:**
**700 g Zwiebeln**
**100 g durchwachsener Speck**
**30 g Butter oder Margarine**
**150 g geriebener Emmentaler Käse**
**1/4 l Sahne**
**2 Eier**
**Salz**
**weißer Pfeffer**
**Mehl zum Ausrollen**

Mehl auf die Arbeitsfläche geben. In die Mitte eine Mulde drücken. Eiswasser und Salz reingeben. Die gut gekühlte Butter oder Margarine in Flöckchen auf den Rand verteilen. Mit einem Messer die Zutaten hacken. Dann schnell einen glatten Teig kneten. Zugedeckt 30 Minuten im Kühlschrank ruhen lassen.

Zwiebeln schälen und in dünne Scheiben schneiden. Speck fein würfeln. Butter oder Margarine in einer Pfanne erhitzen. Speck darin 3 Minuten auslassen. Zwiebelringe zugeben und 5 Minuten unter Rühren braten. Geriebenen Käse in einer Schüssel mit Sahne und Eiern verrühren. Mit Salz und Pfeffer würzen. Zwiebelmasse zugeben. Beiseite stellen.

Teig auf der bemehlten Arbeitsfläche in etwas mehr als Springformgröße ausrollen (Durchmesser 26 cm). Boden und Rand der Form mit dem Teig auskleiden. Füllung reingeben. In den vorgeheizten Ofen auf die unterste Schiene schieben und die Wähe 45 Minuten bei 220 Grad backen.

Zwiebelwähe auf einer vorgewärmten Platte in 12 Stücke schneiden.

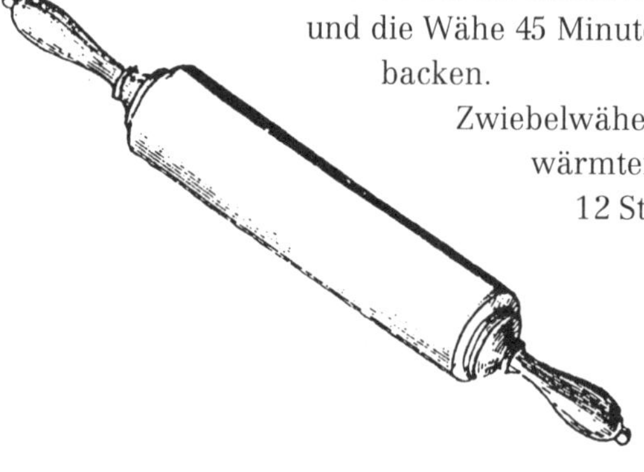

# Schwetzinger Spargelbrote

Schwetzinger Spargel ist ein Qualitätsbegriff. Deshalb finden Feinschmecker, man sollte ihn unverfälscht nur mit Buttersoße und dünnen Schinkenscheiben genießen. Aber in Schwetzingen und rundherum weiß man eine Menge leckere Gerichte mit Spargel zu bereiten.

**Zutaten für 4 Personen**

**500 g Stangenspargel**
**50 g Butter**
**Salz**
**1 Prise Zucker**
**knapp 1/8 l heißes Wasser**
**200 g gekochter Schinken**
**100 g Emmentaler Käse**
**2 Eiweiß**
**2 Eigelb**
**weißer Pfeffer**
**4 Scheiben Toastbrot**
**Zum Garnieren:**
**2 Tomaten**
**4 Stengel Petersilie**

Spargelstangen waschen, abtropfen lassen, dünn schälen und halbieren.
10 g Butter in einem Topf erhitzen. Spargel reingeben. Mit Salz und Zucker bestreuen. Mit Wasser begießen. Zugedeckt 20 Minuten dünsten.
In der Zwischenzeit Schinken und Käse fein würfeln. Eiweiß mit etwas Salz in einer Schüssel zu steifem Schnee schlagen. Eigelb unterziehen. Mit Pfeffer würzen. Mit den Käsewürfeln mischen.
Spargel aus dem Topf nehmen und abtropfen lassen.
Toastbrot rösten und mit der restlichen Butter bestreichen. Spargel darauf verteilen. Mit Schinken bestreuen. Dann die Ei-Käse-Mischung daraufstreichen. Bratrost mit Alufolie belegen. Die Scheiben daraufsetzen. Rost in den vorgeheizten Ofen auf die mittlere Schiene schieben und die Toasts bei 240 Grad 6 Minuten überbacken.
In der Zwischenzeit die Tomaten waschen, abtrocknen, achteln und die Stengelansätze rausschneiden. Petersilie abbrausen, trockentupfen und zerpflücken.
Toast aus dem Ofen nehmen. Auf vorgewärmten Tellern anrichten. Mit Tomatenachteln und Petersilie garniert sofort servieren.

# Überbackene Flädle

**Zutaten für 4 Personen**

**Für den Teig:**
**150 g Mehl**
**2 Eier**
**1 Prise Salz**
**1/4 l Milch**
**Zum Backen:**
**6 Eßlöffel Öl**
**Zum Füllen:**
**1 Glas (oder Dose) Apfelmus (450 g)**
**100 g Rosinen**
**Margarine zunm Einfetten**
**Für den Guß:**
**1 Ei**
**2 Eßlöffel Zucker**
**1 Prise Salz**
**1/4 l Milch**
**50 g blättrige Mandeln**
**20 g Butter**

Mit den Flädle ist es ein bißchen verwirrend. Die Schwaben sagen: Das sind Eierkuchen, die man gefüllt oder ungefüllt mit Beilagen reicht. Sie sagen aber auch Flädle zu den in feine Streifen geschnittenen Eierkuchen, die sie als Einlage in Bouillon reichen. Flädle als Suppeneinlage sind das, was die Österreicher Fridatten nennen. Man kann Flädle heute schon fertig kaufen. Aber das würde keiner Schwäbin einfallen. Sie wissen nämlich: Selbstgemacht schmecken Flädle am besten.

Mehl für den Teig in eine Schüssel geben, aufgeschlagene Eier und Salz reinrühren, mit Milch aufgießen und einen halbflüssigen Teig zubereiten. Öl in der Pfanne erhitzen und darin in je 4 Minuten sechs dünne Eierkuchen backen. Inzwischen das Apfelmus im offenen Topf bei kleiner Hitze 10 Minuten kochen lassen. Gewaschene Rosinen reingeben. Auf die Eierkuchen verteilen, aufrollen und mit einem scharfen Messer halbieren. Feuerfeste Form mit Margarine einfetten. Gefüllte Flädle aufrecht reinsetzen.
Für den Guß das Ei mit Zucker, Salz und Milch verquirlen. Mit den blättrigen Mandeln mischen und über die Flädle verteilen. Mit Butterflöckchen besetzen, in den vorgeheizten Ofen auf die mittlere Schiene schieben und die Flädle 40 Minuten bei 220 Grad backen.
Aus dem Ofen nehmen und sofort servieren.

# Semmelpudding

**Zutaten für 4 Personen**

**4 altbackene Brötchen**
**1/4 l heiße Milch**
**50 g Korinthen**
**75 g Margarine**
**abgeriebene Schale einer Zitrone**
**100 g Zucker**
**1 Päckchen Vanillinzucker**
**1 Prise geriebene Muskatnuß**
**1 Teelöffel gemahlener Zimt**
**3 Eigelb**
**75 g gemahlene Haselnüsse**
**3 Eiweiß**
**1 Prise Salz**
**Margarine zum Einfetten**
**Semmelbrösel zum Ausstreuen**

Brötchen in dünne Scheiben schneiden. In einer Schüssel mit heißer Milch übergießen und zugedeckt 10 Minuten weichen lassen.
In der Zwischenzeit Korinthen auf einem Sieb unter heißem Wasser waschen. Sehr gut abtropfen lassen und in einem Küchentuch trockenreiben.
Margarine in einer Schüssel schaumig rühren. Zitronenschale, Zucker, Vanillinzucker, Muskat, Zimt und Eigelb nach und nach zufügen. Brötchen und die gemahlenen Haselnüsse draufgeben. Eiweiß mit Salz in einer Schüssel steif schlagen. Auf die Puddingmasse gleiten lassen. Alles locker mischen.
Eine Puddingform (Durchmesser 18 cm) mit Margarine einfetten und mit Semmelbröseln ausstreuen. Puddingmasse reinfüllen. Form schließen. 60 Minuten im Wasserbad kochen.

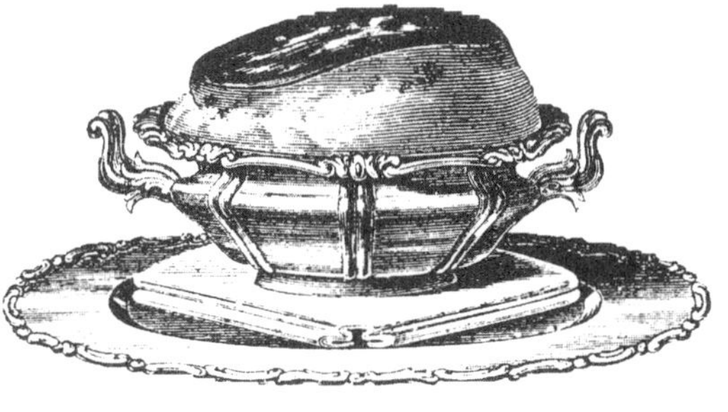

Form aus dem Wasser nehmen. Kurz unter kaltem Wasser abschrecken. Form 10 Minuten stehen lassen. Dann den Pudding auf eine vorgewärmte Platte stürzen und sofort servieren.
Mit Kompott als süßes Mittagessen servieren.

# Ofenschlupfer

**Zutaten für 4 Personen**

**6 altbackene Brötchen**
**$^3/_8$ l Milch**
**80 g Zucker**
**1 Päckchen Vanillezucker**
**500 g Äpfel**
**125 g kernlose Rosinen**
**100 g gemahlene Mandeln**
**Margarine zum Einfetten**
**Für den Guß:**
**4 Eier**
**$^1/_8$ l Milch**
**40 g Zucker**
**$^1/_2$ Teelöffel Zimt**
**abgeriebene Schale einer Zitrone**

Die Schwaben sind nicht nur fleißig, sie sind auch sparsam. In einer schwäbischen Küche wird nichts verschwendet. Und darum kennen die Schwaben so herrliche Reste-Essen, wie zum Beispiel den Ofenschlupfer, zubereitet mit alten Brötchen.

Brötchen in sehr dünne Scheiben schneiden. In eine Schüssel geben. Milch mit der Hälfte des Zuckers und dem Vanillezucker in einem Topf erwärmen, bis sich der Zucker gelöst hat. Über die Brötchenscheiben gießen. Durchziehen lassen. Äpfel schälen, vierteln. Kerngehäuse rausschneiden. Das Fruchtfleisch in sehr dünne Scheiben schneiden. Mit dem restlichen Zucker, den gewaschenen, abgetropften Rosinen und den Mandeln mischen.
Eine Auflaufform mit Margarine einfetten. Mit Brötchen-Milch-Gemisch beginnend abwechselnd Apfelmasse und Brötchen in die Form schichten. Letzte Schicht: Brötchen-Milch-Gemisch.
Für den Guß Eier in einem Topf mit Milch verquirlen. Zucker, Zimt und Zitronenschale in einem Schälchen mischen und in die Eiermilch rühren. Eiermilch über den Ofenschlupfer gießen. Form auf die mittlere Schiene in den vorgeheizten Backofen stellen und den Ofenschlupfer 50 Minuten bei 200 Grad backen. Die Form aus dem Ofen nehmen. Ofenschlupfer sofort in der Form servieren.
Mit Fruchtsaft oder Vanillesauce als süßes Mittagessen oder als sättigenden Nachtisch reichen.

# Kirschmichel

Der schwäbische Kirschmichel ist überall in deutschen Landen schon ein alter Bekannter. Und es gibt darum eine Menge recht unterschiedlicher Rezepte. Dieses ist echt schwäbisch. Man macht ihn dort auch gelegentlich mit altem Schwarzbrot. Schmeckt sicher sehr herzhaft.

**Zutaten für 4 Personen**

**Butter zum Einfetten**
**2 Eßlöffel Semmelbrösel**
**250 g Weißbrot**
**1 kg dunkle Süßkirschen**
**6 Eier**
**200 g Zucker**
**1 Prise Salz**
**1 l Milch**
**1 Glas (2 cl) Kirschwasser**
**abgeriebene Schale einer Zitrone**
**75 g Puderzucker**

Feuerfeste Form mit Butter einfetten und mit Semmelbröseln ausstreuen.
Weißbrot in etwa 1cm dicke Scheiben schneiden. Halbieren. Dann die Form gleichmäßig mit einem Drittel der Weißbrotscheiben schuppenförmig auslegen. Mit der Hälfte der gewaschenen, entstielten, abgetropften und entsteinten Kirschen belegen. Dann kommt wieder eine Schicht Weißbrot und Kirschen. Letzte Schicht: Weißbrot. Eier, Zucker, Salz und Milch in einer Schüssel verquirlen. Kirschwasser und Zitronenschale zugeben. Über den Auflauf gießen und etwa 5 Minuten einziehen lassen.
Form in den vorgeheizten Ofen auf die mittlere Schiene stellen und den Kirschmichel 45 Minuten bei 220 Grad backen.
Kirschmichel aus dem Ofen nehmen und, solange er noch heiß ist, fein mit Puderzucker bestäuben und in der Form servieren.
Wann reichen? Als üppiges Dessert oder einfach als süßes Abendessen mit Vanille- oder Kirschsoße.

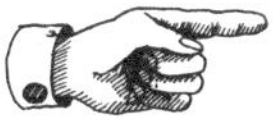

Wenn Kinder mitessen, sollte man auf das Kirschwasser verzichten.

# Brotauflauf

**Zutaten für 4 Personen**

---

**250 g altbackenes Schwarzbrot**
**4 Eßlöffel Rum**
**4 Eigelb**
**4 Eßlöffel heißes Wasser**
**100 g Zucker**
**1 Päckchen Vanillinzucker**
**75 g Blockschokolade**
**4 Eiweiß**
**1 Prise Salz**
**1/2 Teelöffel gemahlener Zimt**
**Margarine zum Einfetten**

Schwarzbrot entrinden. Auf einer mittelfeinen Reibe reiben oder durch die Mandelmühle drehen. In eine Schüssel geben. Mit Rum tränken. Zugedeckt ziehen lassen.
Eigelb in einer Schüssel mit Wasser, Zucker und Vanillinzucker schaumig rühren. Blockscholade fein reiben. Eiweiß in einer anderen Schüssel zu steifem Schnee schlagen und salzen. Auf die Eigelbmasse gleiten lassen. Darüber Schokolade und Schwarzbrot. Mit Zimt bestäuben. Vorsichtig mischen.
Eine feuerfeste Form mit Margarine einfetten. Die Auflaufmasse reingeben und mit einem nassen Löffel glattstreichen. Form in den vorgeheizten Ofen auf die untere Schiene stellen und den Auflauf 30 Minuten bei 200 Grad backen.
Nach Beendigung der Backzeit den Ofen ausschalten. Auflauf noch 10 Minuten darin lassen. Dann rausnehmen und in der Form servieren.
Wann reichen? Mit Vanille- oder Weinschaumsoße als Dessert nach einem leichten Mittagessen.

# „Nackete" Nudeln

Für den Teig das Mehl in einer Schüssel mit dem Salz vermischen. In die Mitte eine Vertiefung drücken. Die Hefe hineinbröckeln und mit Zucker, der Hälfte der Milch und etwas Mehl zu einem Vorteig verrühren. Zugedeckt an einem warmen Ort 20 Minuten aufgehen lassen.
Die Butter in der restlichen Milch schmelzen und den aufgegangenen Vorteig mit der Milch, den Eiern, Zitronenschale und Zucker zu einem glatten Teig vermischen und so lange schlagen, bis er sich vom Schüsselboden löst. Zugedeckt 40 Minuten an einem warmen Ort aufgehen lassen.
Den Teig auf einem bemehlten Nudelbrett zu einer Rolle formen. Eigroße Stücke abstechen und zu kleinen Klößchen formen. Wieder zudecken und nochmals 10 Minuten gehen lassen.
Milch, Zucker und Butterschmalz in einen flachen Topf (mit gut schließendem Deckel) geben und kurz aufkochen lassen. Die Milch soll dabei etwa 2 cm hoch im Topf stehen. Die Nudeln im Abstand von 1 cm nebeneinander hineingeben. Sofort mit dem vorher heiß gemachten Deckel bedecken.
Den Topf auf den Herd geben und die Nudeln bei mittlerer Hitze 30 Minuten garen. Den Deckel erst öffnen, wenn die Dampfnudeln fertig sind, sonst fallen sie zusammen.
Die Nudeln vorsichtig mit einer Backschaufel vom Topfboden lösen. Sie müssen oben weiß und glänzend sein und an der Unterseite eine braune Kruste haben.
Beilage: Vanillesauce oder Zwetschgenkompott.

**Zutaten für 4 Personen**

**Für den Teig:**
**500 g Mehl**
**1 Prise Salz**
**20 g Hefe**
**1 Teelöffel Zucker**
**1/4 l lauwarme Milch**
**50 g Butter**
**2 Eier**
**etwas abgeriebene Schale von 1 unbehandelten Zitrone**
**50 g Zucker**
**Mehl zum Ausrollen**
**Außerdem:**
**1/4 l Milch**
**50 g Zucker**
**60 g Butterschmalz**

# Kirschnudeln

**Zutaten für 4 Personen**

**500 g Mehl**
**30 g Hefe**
**1/8 l lauwarme Milch**
**1 Teelöffel Zucker**
**125 g Margarine**
**40 g Zucker**
**3 Eier**
**1 Prise Salz**
**500 g frische Sauerkirschen**
**Margarine zum Einfetten**
**50 g Butter**

Mehl in eine Schüssel geben. Eine Mulde in die Mitte drücken. Hefe reinbröckeln. Mit etwas lauwarmer Milch, Zucker und etwas Mehl zum Vorteig verrühren. Zugedeckt etwa 15 Minuten an einem warmen Ort gehen lassen.
In einer anderen Schüssel Margarine, Zucker und Eier schaumig rühren. Diese Mischung, restliche Milch und eine kräftige Prise Salz in den Vorteig geben. Kneten, bis sich der Teig vom Schüsselrand löst.
Sauerkirschen waschen, mit Haushaltspapier trocknen. Dann entsteinen.
Vierzehn Knödel um je 6 Sauerkirschen formen. Eine Auflaufform einfetten. Die Teigballen dicht nebeneinander reinsetzen. An einem warmen Ort 40 Minuten zugedeckt gehen lassen.
Butter in einem Topf zergehen lassen, dann etwas abkühlen, Nudeln damit bepinseln. Form in den vorgeheizten Ofen auf die unterste Schiene stellen und die Kirschnudeln 40 Minuten bei 200 Grad backen.
Form aus dem Ofen nehmen und die Nudeln portionsweise mit dem Löffel aus der Form nehmen.
Beilage: Kirschsoße oder eine andere Fruchtsoße oder Kaffee.

# Träublesauflauf

Für das Kompott Johannisbeeren unter kaltem Wasser waschen. Beeren mit einer Gabel von den Rispen streifen. Wasser in einem Topf zum Kochen bringen. Johannisbeeren und Zucker reingeben. 10 Minuten leise kochen lassen. Es muß ein dickliches Mus entstehen. Topf vom Herd nehmen und das Kompott abkühlen lassen.
Vollkornbrot zerkrümeln. Butter oder Margarine in einer Pfanne erhitzen. Vollkornbrotkrümel reingeben. Unter Rühren 4 bis 5 Minuten rösten. Vom Herd nehmen und abkühlen lassen.
Milch, Eier, Zucker und Zimt in einer Schüssel verquirlen. Feuerfeste Form gut mit Butter oder Margarine einfetten und mit gemahlenen Mandeln ausstreuen. Abwechselnd die Vollkornbrotmasse und das Johannisbeerkompott einschichten. Eiermilch drübergießen.
In den vorgeheizten Ofen auf die mittlere Schiene stellen und den Auflauf 35 Minuten bei 200 Grad backen.
Wann reichen? Mit einer Gemüsesuppe vorweg als Hauptgericht für vier Personen. Oder für 6 Personen als Dessert.

**Zutaten für 4 Personen**

**Für das Johannisbeerkompott:**
**750 g Johannisbeeren**
**2 Eßlöffel Wasser**
**250 g Zucker**
**Für den Auflauf:**
**250 g altbackenes Vollkornbrot**
**40 g Butter oder Margarine**
**1/4 l Milch**
**3 Eier**
**40 g Zucker**
**1 Messerspitze Zimt**
**Zum Einfetten und Bestreuen:**
**Butter oder Margarine**
**20 g gemahlene Mandeln**

# Nachspeisen und Gebäck

# Pfitzauf

**Zutaten für 4 Personen**

**250 g Mehl**
**knapp 1/2 l Milch**
**4 Eier**
**30 g Zucker**
**Salz**
**Margarine zum Einfetten**
**Puderzucker zum Bestäuben**

Der Pfitzauf ist ein kulinarisches Lieblingskind der Schwaben und wird auch Kuchenmichel genannt. Er ist ein leckeres Dessert oder Kaffeegebäck und schmeckt warm genauso gut wie kalt. Gebacken wird er in den traditionellen Pfitzaufförmchen. Wer sie nicht hat, füllt den Teig in feuerfeste Förmchen, Becher oder hohe Tassen.

Mehl in eine Schüssel geben. Mit Milch glattrühren. Nach und nach Eier, Zucker und eine Prise Salz einrühren. 16 Backförmchen gut mit Margarine einfetten. Halb mit Teig füllen. Auf den Backrost stellen und in den vorgeheizten Ofen auf die untere Schiene schieben. 40 Minuten bei 200 Grad backen.

Pfitzaufs aus den Förmchen lösen und auf eine Platte stürzen. Dick mit Puderzucker bestäuben. Beilage: Kirsch-, Pflaumen- oder Apfelkompott. Ißt man die Pfitzaufs kalt, reicht man Schlagsahne oder Sirup dazu.

# Kirschbecher

Die Brotbrösel mit 3 Eßlöffeln Zucker vermischen. Die Butter in einer Pfanne erhitzen und das Brot-Zucker-Gemisch darin unter Rühren knusprig braten. Ausgebreitet abkühlen lassen.
Die Sauerkirschen in ein Sieb schütten, den Saft auffangen. Den Quark mit dem restlichen Zucker cremig rühren. Die Sahne steif schlagen und vorsichtig unter den Quark heben. Die abgetropften Sauerkirschen mit dem Kirschwasser marinieren.
In 4 hohe Kelchgläser je 1 Eßlöffel Kirschen (mit Flüssigkeit) geben, darüber eine Schicht Brösel, dann je eine Schicht Quark, Kirschen, Brösel und noch einmal Quark.
Mit den restlichen Brotbröseln bestreuen und eisgekühlt servieren.

**Zutaten für 4 Personen**

**200 g zerriebener Pumpernickel oder Vollkornbrot**
**5 Eßlöffel Zucker**
**2 Eßlöffel Butter**
**200 g Sauerkirschen**
**150 g Quark**
**125–250 g Sahne**
**2 cl Kirschwasser**

# Erdbeeren mit Geist

**Zutaten für 4 Personen**

**500 g Erdbeeren**
**75 g Zucker**
**3 Eßlöffel Himbeergeist**
**30 g Speisestärke**
**2 Eigelb**
**$^3/_8$ l Milch**
**40 g Zucker**
**1 Päckchen Vanillinzucker**
**2 Eiweiß**
**2 Eßlöffel Himbeergeist**
**30 g bittere Blockschokolade**

Erdbeeren kurz in kaltem Wasser waschen, entstielen und abtropfen lassen. In eine Schüssel füllen. Mit Zucker bestreuen, Himbeergeist drübergeben und zugedeckt 15 Minuten ziehen lassen.
Speisestärke und Eigelb mit 3 Eßlöffel Milch anrühren. Die übrige Milch mit Zucker in einem Topf aufkochen und die angerührte Speisestärke unter Rühren reingießen. 3 Minuten aufkochen lassen. Vom Herd nehmen.
Eiweiß steif schlagen und unter die Creme ziehen. Mit Himbeergeist parfümieren. Abkühlen lassen und dabei gelegentlich umrühren.
Erdbeeren in 4 Glasschalen verteilen. Die Creme darübergießen. Mit der geriebenen Schokolade garniert servieren.

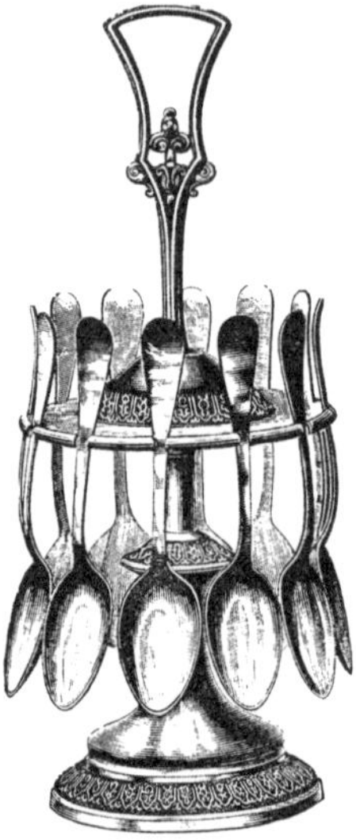

# Apfelkuchen vom Blech

Mehl in eine Schüssel geben. In die Mitte eine Mulde drücken. Hefe in der Milch auflösen. In die Mulde gießen, mit etwas Mehl verrühren. Etwas Mehl vom Rand drüberstäuben. Mit einem Tuch bedeckt 30 Minuten an einem warmen Ort aufgehen lassen.

Zucker, Salz und Ei zum Teig geben, Butter in Flöckchen auf den Mehlrand verteilen. Teig gut verrühren. Dann schlagen, bis er sich vom Schüsselrand löst.

Backblech mit Butter oder Margarine einfetten. Teig draufgeben und ausrollen. Nochmals zugedeckt 30 Minuten gehen lassen.

Für den Belag Äpfel schälen, vierteln, entkernen und in dünne Spalten schneiden. Teig mit Semmelbröseln, Zimt und 40 g Zucker bestreuen. Mit den Äpfeln belegen. Teig wieder 15 Minuten aufgehen lassen.

Dann mit dem restlichen Zucker und Mandeln bestreuen. Butter in Flöckchen drauf verteilen. Blech in den vorgeheizten Ofen auf die mittlere Schiene schieben und den Kuchen 40 Minuten bei 180 Grad backen.

Schwäbischer Apfelkuchen bekommt eine besondere Note, wenn Sie in Rum getränkte Rosinen zu den Äpfeln geben.

**Zutaten für 16 Stücke**

---

**Für den Teig:**
**500 g Mehl**
**40 g Hefe**
**knapp 1/4 l lauwarme Milch**
**50 g Zucker**
**1 Prise Salz**
**1 Ei**
**50 g Butter**
**Butter oder Margarine zum Einfetten**
**Für den Belag:**
**1,5 kg mürbe Äpfel**
**50 g Semmelbrösel**
**2 Teelöffel gemahlener Zimt**
**80 g Zucker**
**50 g blättrige Mandeln**
**75 g Butter**

# Gedeckte Apfeltorte

**Zutaten für 12 Stücke**

**Für den Teig:**
**250 g Mehl**
**1 Ei**
**1 Prise Salz**
**1 Päckchen Vanillinzucker**
**125 g Butter oder Margarine**
**125 g Zucker**
**Für die Füllung:**
**600 g Äpfel**
**Saft einer halben Zitrone**
**Mehl zum Bestäuben**
**3 Eßlöffel Semmelbrösel**
**Margarine zum Einfetten**
**3 Eßlöffel Zucker**
**1 Teelöffel Zimt**
**100 g Rosinen**
**50 g gehackte Mandeln**
**Für den Guß:**
**100 g Puderzucker**
**3 Eßlöffel Zitronensaft**

Für den Teig Mehl auf ein Backbrett oder in eine flache Schüssel geben. In die Mitte eine Mulde drücken. Da hinein kommen Ei, Salz und Vanillinzucker. Butter oder Margarine in Flöckchen auf dem Mehlrand verteilen. Zucker drüberstreuen. Von außen nach innen schnell einen glatten Teig kneten. 30 Minuten in den Kühlschrank stellen.
In der Zwischenzeit die Äpfel schälen. Vierteln. Kerngehäuse rausschneiden, Fruchtfleisch in dünne Scheiben schneiden. Mit Zitronensaft beträufeln.
Backbrett oder Arbeitsfläche mit Mehl bestäuben. Die Hälfte des Teiges darauf zur runden Platte ausrollen. In eine eingefettete Springform geben. Rand andrücken. Semmelbrösel auf dem Tortenboden verteilen. Apfelstückchen drübergeben. Zucker und Zimt mischen. Mit den gewaschenen, trockengetupften Rosinen und den Mandeln auf die Äpfel verteilen.
Restlichen Teig in Springformgröße ausrollen. Als Deckel auf die Äpfel legen. In den vorgeheizten Ofen auf die mittlere Schiene schieben und den Kuchen 45 Minuten bei 200 Grad backen.
Torte rausnehmen. Springformrand abmachen. Torte leicht abkühlen lassen.
Dann auf den Kuchendraht schieben.
Für den Guß Puderzucker mit Zitronensaft in einer Schüssel verrühren. Über den noch warmen Kuchen streichen. Fest werden lassen. Vor dem Servieren in 12 Stücke teilen.

# Käskuchen

Mehl auf ein Backbrett oder in eine Schüssel geben. In die Mitte eine Mulde drücken. Zucker, Vanillezucker, Salz und das aufgeschlagene Ei reingeben. Leicht mit dem Löffel verrühren. Margarine in Flöckchen auf dem Mehlrand verteilen. Von außen nach innen schnell einen glatten Teig kneten. 30 Minuten zugedeckt in den Kühlschrank stellen.
Springform mit Margarine einfetten. Arbeitsfläche mit Mehl bestäuben. Teig darauf zur Platte ausrollen. Springform damit auslegen. Rand arbeiten. Mit der Gabel mehrmals einstechen. Form in den vorgeheizten Ofen auf die mittlere Schiene stellen und den Kuchen 15 Minuten bei 200 Grad backen.
Für die Käsemasse Eigelb, Zucker, Salz und Vanillezucker in einer Schüssel schaumig rühren. Quark unterrühren und schaumig schlagen. Speisestärke reinmischen. Dann kommen die in warmem Wasser gewaschenen, anschließend sorgfältig getrockneten Rosinen und die gehackten Mandeln rein.
Eiweiß in einer Schüssel steif schlagen und vorsichtig unter die Quarkmasse heben. Form aus dem Ofen nehmen. Quarkmasse einfüllen. Wieder in den Ofen auf die mittlere Schiene stellen und weitere 60–70 Minuten bei 140 Grad backen. Kuchen aus dem Ofen nehmen. Springformrand entfernen. Kuchen vorsichtig auf einen Kuchendraht gleiten und abkühlen lassen. Auf einer Tortenplatte anrichten. In 12 Stücke schneiden.

**Zutaten für 12 Stücke**

**Für den Teig:**
**200 g Mehl**
**100 g Zucker**
**1 Päckchen Vanillezucker**
**1 Prise Salz**
**1 Ei**
**100 g Margarine**
**Margarine zum Einfetten**
**Mehl zum Ausrollen**
**Für die Käsemasse:**
**4 Eigelb**
**60 g Zucker**
**1 Prise Salz**
**1 Päckchen Vanillezucker**
**750 g Sahnequark**
**50 g Speisestärke**
**100 g Rosinen**
**100 g gehackte Mandeln**
**4 Eiweiß**

# Uttenweiler Apfel-Käskuchen

**Zutaten für 12 Stücke**

**Für den Teig:**
**200 g Magerquark**
**100 g Zucker**
**1 Päckchen Vanillinzucker**
**2 Eier**
**1 Prise Salz**
**6 Eßlöffel Milch**
**1/8 l Öl**
**500 g Mehl**
**1 Päckchen Backpulver**
**Margarine zum Einfetten**
**Für den Belag:**
**100 g Korinthen**
**1,5 kg Äpfel**
**80 g Zucker**
**1/2 Teelöffel gemahlener Zimt**
**Für den Guß:**
**250 g Magerquark**
**80 g Zucker**
**3 Eier**
**1/8 l saure Sahne**
**1 Eßlöffel Rum**

Uttenweiler, die kleine Stadt zwischen der Schwäbischen Alb und dem Alpenvorland, stand Pate für diesen saftigen Apfel-Käskuchen.

Für den Teig Quark, Zucker, Vanillinzucker, Eier, Salz, Milch und Öl in einer Schüssel glattrühren. Mehl und Backpulver mischen. Unter die Quarkmasse rühren und alles schnell zu einem glatten Teig kneten. Backblech mit Margarine einfetten. Teig darauf ausrollen.
Korinthen auf einem Sieb unter heißem Wasser waschen. Gut abtropfen lassen. Dann in einem Küchentuch trockenreiben. Äpfel schälen, waschen, abtrocknen und vierteln. Das Kerngehäuse entfernen. Äpfel in dünne Spalten schneiden. Damit den Teig belegen.
Korinthen über die Äpfel streuen. Zucker und Zimt mischen. Über den Kuchen streuen.
In den vorgeheizten Ofen auf die mittlere Schiene schieben und den Kuchen 25 Minuten bei 200 Grad backen.
In der Zwischenzeit für den Guß Quark, Zucker, Eier, Sahne und Rum in einer Schüssel verrühren. Kuchen aus dem Ofen nehmen. Den Guß darübergießen. Glattstreichen. Wieder in den vorgeheizten Ofen auf die mittlere Schiene schieben und weitere 20 Minuten backen.
Herausnehmen. Auf einem Kuchendraht auskühlen lassen.

# Träubleskuchen

Johannisbeeren werden in Schwaben Träuble genannt, und der Träubleskuchen gehört auf den Sonntagskaffeetisch, wenn die Johannisbeeren reif sind. Sicher ist es nicht einfach, den schwäbischen Hausfrauen mit einem Träubleskuchenrezept gerecht zu werden: Jede hat ihr eigenes. Trotzdem, probieren Sie dieses.

**Zutaten für 12 Stücke**

**500 g rote Johannisbeeren**
**Für den Teig:**
**40 g Butter oder Margarine**
**1 Ei**
**75 g Zucker**
**1 Päckchen Vanillezucker**
**Saft einer Zitrone**
**1 Prise Salz**
**200 g Mehl**
**1 Teelöffel Backpulver**
**2 Eßlöffel Sahne**
**Margarine zum Einfetten**
**4 Eßlöffel Semmelbrösel**
**Für den Belag:**
**6 Eiweiß**
**200 g Zucker**
**125 g gemahlene Mandeln**
**100 g Puderzucker**
**zum Bestreuen**

Johannisbeeren mit kaltem Wasser gut abspülen. Mit einer Gabel von den Rispen streifen. Auf einem Sieb abtropfen lassen. Beiseite stellen.
Für den Teig Butter oder Margarine in einer Schüssel schaumig rühren, Ei, Zucker, Vanillezucker, Zitronensaft und Salz zugeben. Mehl mit Backpulver mischen und mit der Sahne nach und nach unter den Teig rühren. Der Teig soll schwer reißend vom Löffel fallen.
Eine Springform von 24 cm Durchmesser einfetten. Mit 2 Eßlöffel Semmelbröseln bestreuen. Teig in die Form füllen und mit den restlichen Semmelbröseln bestreuen.
Johannisbeeren in eine Schüssel geben. Eiweiß in einer Schüssel steif schlagen. Zucker nach und nach zugeben. Mandeln unterheben. Die Hälfte der Masse mit den Beeren mischen und auf dem Teig verteilen. Mit dem Rest der Eiweißmasse den Kuchen abdecken. In den vorgeheizten Ofen auf die mittlere Schiene stellen und den Kuchen in ca. 50 Minuten bei 160 Grad goldgelb backen.
Den fertigen, abgekühlten Kuchen dick mit Puderzucker bestreuen. Vor dem Servieren in 12 Stücke schneiden.

# Rhabarber-Streusel-Kuchen

**Zutaten für 8 Stücke**

**750 g Rhabarber**
**300 g Zucker**
**abgeriebene Schale einer Zitrone**
**Margarine zum Einfetten**
**200 g Mehl**
**je 1 Prise Salz und gemahlener Zimt**
**100 g Butter**

Rhabarber abziehen, waschen, abtropfen lassen und in dicke Stücke schneiden. In eine Schüssel geben. Mit 180 g Zucker und der abgeriebenen Zitronenschale mischen. In eine eingefettete, feuerfeste Form geben.
Mehl, restlichen Zucker, Salz und Zimt in eine Schüssel oder auf die Arbeitsfläche geben. Butter in einem Topf zerlassen, dazugeben. Alle Zutaten mit zwei Gabeln oder den Händen zu Streuseln vermengen. Über den Rhabarber streuen. Form in den vorgeheizten Ofen auf die mittlere Schiene stellen und den Kuchen 40 Minuten bei 200 Grad backen.
Den Kuchen sollten Sie noch warm mit einer Schüssel geschlagener Sahne servieren. So schmeckt er am besten.

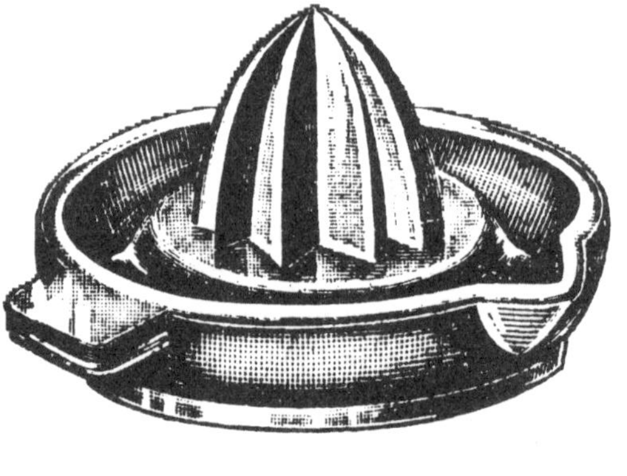

# Rahmstrudel

Dies ist ein altes schwäbisches Hausrezept. Außergewöhnliche Form und Füllung machen den Strudel originell.

Mehl auf die Arbeitsfläche geben. In die Mitte eine Mulde drücken. Butter oder Margarine in einem Topf zerlassen, abkühlen. Mit Ei, Wasser und einer Prise Salz in die Mulde geben. Von innen nach außen mit einer Gabel unter das Mehl rühren. Dann zu einem glatten, geschmeidigen Teig kneten. 30 Minuten zugedeckt ruhen lassen.
In der Zwischenzeit Butter, Eigelb und Zucker in einer Schüssel schaumig rühren. Sahne, Semmelbrösel, Rosinen und Zimt drunterziehen.
Trauben waschen, von den Stielen zupfen, halbieren und entkernen. Unter die Buttermasse heben. Eiweiß steif schlagen und unterziehen.
Teig auf einem großen Tuch rechteckig ausrollen. Dann vorsichtig über dem Handrücken hauchdünn ausziehen: Etwa 80 cm lang, 50 cm breit. Füllung bis auf einen 15 cm breiten Streifen längs auf dem Teig verteilen. Teig an den Enden einschlagen, zur ungefüllten Seite hin aufrollen. Dabei das Tuch heben, so daß sich die Rolle fast von selbst formt. Fettpfanne mit etwas Butter einstreichen. Strudel vom Tuch schneckenförmig draufgleiten lassen. Restliche Butter schmelzen. Strudel damit bestreichen. In den vorgeheizten Ofen auf die unterste Schiene schieben und 60 Minuten bei 200 Grad backen. 30 Minuten vor Ende der Backzeit Milch in die Fettpfanne gießen. Strudel rausnehmen, Puderzucker drübersieben.

**Zutaten für 12 Stücke**

---

**Für den Teig:**
**250 g Mehl**
**20 g Butter oder Margarine**
**1 Ei**
**6 Eßlöffel Wasser**
**Salz**
**Für die Füllung:**
**75 g Butter**
**4 Eigelb**
**5 Eßlöffel Zucker**
**1/4 l saure Sahne**
**4 Eßlöffel Semmelbrösel**
**75 g Rosinen**
**Zimt**
**100 g Weintrauben**
**4 Eiweiß**
**Außerdem:**
**30 g Butter zum Bestreichen**
**1/4 l Milch**
**2 Eßlöffel Puderzucker zum Bestäuben**

# Hefe-Guglhupf

**Zutaten**

**Für den Teig:**
**400 g Mehl**
**30 g Hefe**
**100 g Zucker**
**1/8 l lauwarme Milch**
**200 g Butter**
**3 Eier**
**2 Eigelb**
**abgeriebene Schale einer Zitrone**
**Salz**
**100 g Rosinen**
**100 g gehackte Mandeln**
**Zum Einfetten und Bestreuen:**
**Margarine oder Öl**
**2 Eßlöffel Semmelbrösel**
**1 Eßlöffel fein gehackte Mandeln**
**2 Eßlöffel Puderzucker zum Bestäuben**

Der Guglhupf (Napfkuchen) ist auch im Schwabenland ein beliebter und oft gebackener Sonntagskuchen. Schwäbische Hausfrauen backen ihn meist mit Hefe. Andernorts kommt er auch als feiner Rührteig auf die Kaffeetafel. Gleich wie immer, wichtig für das Aussehen und Gelingen ist die typisch zylindrische Backform.

Mehl in eine Schüssel geben. In die Mitte eine Mulde drücken. Hefe reinbröckeln. Einen Teelöffel Zucker dazugeben. Mit der lauwarmen Milch und etwas Mehl zum Vorteig verrühren. Zugedeckt 20 Minuten an einem warmen Platz gehen lassen. Der Vorteig soll sich dabei verdoppeln.
In der Zwischenzeit Butter mit den Eiern, Eigelb und dem restlichen Zucker in einer anderen Schüssel schaumig schlagen. Abgeriebene Zitronenschale mit Salz, Rosinen und gehackten Mandeln reingeben. Gut verrühren. Diese schaumige Masse zum Hefevorteig geben. Mit dem Mehl verkneten und schlagen, bis sich ein glatter Teig bildet, der Blasen wirft.
Napfkuchenform gut mit Margarine oder Öl einfetten. Semmelbrösel und gehackte Mandeln mischen. Form damit ausstreuen. Teig reinfüllen. Noch mal aufgehen lassen. In den vorgeheizten Ofen auf die mittlere Schiene schieben und den Kuchen 50 bis 60 Minuten bei 200 Grad backen. Auf einem Kuchengitter abkühlen lassen.

# Ulmer Brot

In Ulm und um Ulm herum wird dieser Kuchen in einer speziellen Kugelform gebacken. Wer die nicht hat, nimmt eine ganz normale Kastenform.

Eigelb mit dem heißen Wasser in einer Schüssel schaumig schlagen. Zucker nach und nach einrieseln lassen und die Masse cremig rühren. Zitronenschale und Salz reingeben. Eiweiß in einer anderen Schüssel mit Vanillezucker zu steifem Schnee schlagen. Auf die Eigelbmasse gleiten lassen. Mehl drüberstäuben und alles mit einem Schneebesen locker unterheben.
Rosinen mit kochendem Wasser überbrühen, auf einem Sieb abtropfen lassen und in einem Küchentuch trockenreiben. Mit etwa 50 g Mandeln in den Teig geben. Butter schmelzen (nicht erhitzen) und teelöffelweise unter den Teig rühren.
Eine Kastenform von etwa 22 cm Länge mit Margarine einfetten. Mit den restlichen Mandeln ausstreuen. Teig reinfüllen und glattstreichen. Form in den vorgeheizten Ofen auf die mittlere Schiene stellen und den Kuchen 60 Minuten bei 200 Grad backen.
In den ersten 15 Minuten die Ofentür einen Spalt breit offen lassen. In dieser Zeit das Küchenfenster nicht öffnen, denn, wie jedes andere Gebäck verträgt auch dieser Kuchen keine Zugluft.
Die Form aus dem Ofen nehmen und etwas abkühlen lassen. Kuchen dann auf einen Kuchendraht stürzen und abkühlen lassen. Vor dem Servieren in Stücke schneiden.

**Zutaten**

**4 Eigelb**
**3 Eßlöffel heißes Wasser**
**100 g Zucker**
**abgeriebene Schale einer viertelten Zitrone**
**1 Prise Salz**
**4 Eiweiß**
**1 Päckchen Vanillezucker**
**150 g Mehl**
**50 g Rosinen**
**60 g gemahlene Mandeln**
**65 g Butter**
**Margarine zum Einfetten**

# Kirschtorte

**Zutaten für 12 Stücke**

**1 Paket Tiefkühl-Blätterteig (300 g)**
**750 g Sauerkirschen**
**2 Glas (je 2 cl) Kirschwasser**
**2 Eßlöffel Wasser**
**4 Eßlöffel Zucker**
**Mehl zum Ausrollen**
**100 g Kuvertüre**
**Für den Guß:**
**1/4 l Kirschaft**
**2 Eßlöffel Zucker**
**1 Päckchen roter Tortenguß**
**Für die Garnierung:**
**1/4 l Sahne**
**1 Päckchen Vanillezucker**

Diese Kirschtorte ist eine schnelle Variante der klassischen Schwarzwälder Kirschtorte.

Blätterteig nach Vorschrift auftauen lassen. Kirschen in kaltem Wasser waschen, entstielen, abtropfen lassen und entsteinen. In eine Schüssel geben. Mit Kirschwasser beträufeln. Wasser und Zucker mischen und drübergießen. Zugedeckt 30 Minuten ziehen lassen.
Eine Springform (Durchmesser 24 cm) mit Wasser ausspülen. Backbrett mit Mehl bestäuben. Blätterteig darauf zu einer dicken, runden Platte ausrollen. Form damit auslegen. Einen kleinen Rand anrücken. Springform in den vorgeheizten Ofen auf die mittlere Schiene stellen. Blätterteig 30 Minuten bei 220 Grad backen. Form aus dem Ofen nehmen. Tortenboden aus der Springform lösen und auf einem Kuchendraht auskühlen lassen.
Tortenboden auf einen Tortenteller legen. Kuvertüre im Wasserbad schmelzen und auf dem Boden verteilen. Erkalten lassen. Mit abgetropften Kirschen (Saft auffangen) belegen.
Für den Guß Kirschsaft und Zucker in einem Topf aufkochen. Vom Herd nehmen. Mit nach Vorschrift angerührtem Tortenguß binden. Leicht abkühlen lassen und über die Kirschen verteilen. Erstarren lassen.
Für die Garnierung Sahne mit Vanillezucker steif schlagen. In einen Spritzbeutel füllen. Kirschtorte damit garnieren. Bis zum Servieren kühl aufbewahren.

# Zwetschgentorte

Für den Teig Eigelb, Zucker und Vanillezucker schaumig rühren. Eiweiß zu steifem Schnee schlagen. Auf die Eigelbmasse verteilen. Darüber Semmelbrösel, Haselnüsse und Rum geben. Vorsichtig untereinander heben.
Springform mit Pergamentpapier auslegen. Teig einfüllen. In den vorgeheizten Ofen schieben und ca. 30 Minuten bei 180 Grad backen.
Tortenboden auskühlen lassen. Am besten erst zwei Tage später füllen. Dazu einmal durchschneiden.
Für die Füllung die Zwetschgen entsteinen und halbieren. Mit Zucker, Zimt, Nelken und Wasser garkochen. Saft abgießen. Mit in kaltem Wasser angerührter Speisestärke binden. Zwetschgen reingeben und abkühlen lassen. Die Masse kommt als erste Schicht auf den Tortenboden. 16 Pflaumenhälften zum Garnieren übrig behalten. Auf Küchenpapier abtropfen lassen. 250 g Sahne mit Zucker steifschlagen. Gelatine einweichen, ausdrücken, auflösen. Sahne damit dicken. Auf die Zwetschgen streichen. 20 Minuten kaltstellen. Dann die zweite Teigblatte auflegen und so lange kaltstellen, bis Sie die übrige Sahne fürs Garnieren mit Zucker und Vanillezucker steifgeschlagen haben. Torte mit Sahne überziehen, mit Sahnetuffs und Pflaumen auf der Oberfläche garnieren. Mandeln am Tortenrand verteilen. In 16 Stücke schneiden.

**Zutaten für 16 Stücke**

---

**Für den Teig:**
**6 Eigelb**
**100 g Zucker**
**1 Päckchen Vanillezucker**
**6 Eiweiß**
**40 g Semmelbrösel**
**150 g geriebene Haselnüsse**
**1 EL Rum**
**Für die Füllung:**
**1 kg Zwetschgen**
**5 gehäufte Eßlöffel Zucker**
**1 kleines Stück Zimt**
**1 Nelke**
**1/4 l Wasser**
**30 g Speisestärke**
**250 g Sahne**
**1 gehäufter Eßlöffel Zucker**
**3 bis 4 Blatt Gelatine**
**Zum Garnieren:**
**250 g Sahne**
**2 Teelöffel Zucker**
**etwas Vanillezucker**
**100 g blättrig geschnittene Mandeln**

# Hutzelbrot

**Zutaten**

**250 g getrocknete, entkernte Zwetschgen**
**250 g getrocknete Birnen**
**150 g getrocknete Feigen**
**1 l Wasser zum Einweichen**
**65 g getrocknete Aprikosen**
**je 65 g Haselnuß- und Walnußkerne**
**125 g Rosinen und Korinthen**
**je 65 g gewürfeltes Zitronat und Orangeat**
**125 g Zucker**
**1 Teelöffel Zimt**
**je 1 Prise Nelkenpfeffer und gemahlener Anis**
**1 Prise Salz**
**je 2 Eßlöffel Rum (oder Kirschwasser) und Zitronensaft**
**500 g Schwarzbrotteig vom Bäcker**
**200 g Mehl**
**20 geschälte Mandelhälften**
**Margarine zum Einfetten**

Das Hutzelbrot ist in Schwaben wie weiter südlich ein beliebtes Weihnachtsgebäck. Aber es schmeckt natürlich auch an kalten Herbsttagen. In kleinen Laiben gebacken, wird es aufgeschnitten und gern zu Glühwein gereicht.

Zwetschgen, Birnen und Feigen mit 1 l Wasser bedeckt in einer Schüssel über Nacht einweichen. Obst auf einem Sieb abtropfen lassen. Zwetschgen, Birnen, Feigen, Aprikosen und Nußkerne grob zerkleinern. In eine Schüssel geben. Rosinen, Korinthen, gewürfeltes Zitronat und Orangeat dazugeben.
Zucker und Gewürze drüberstreuen. Rum (oder Kirschwasser) und Zitronensaft darübergießen. Mischen und 20 Minuten durchziehen lassen. Mit dem Schwarzbrotteig und dem Mehl auf der Arbeitsplatte gut verkneten. 2 Brotlaibe formen. Hände unter kaltem Wasser anfeuchten. Brotlaibe damit glattstreichen. Mit den Mandelhälften garnieren. Backblech einfetten. Hutzelbrote draufsetzen. In den vorgeheizten Ofen auf die untere Schiene schieben und die Laibe 70 Minuten bei 180 Grad backen.
Blech aus dem Ofen nehmen und die Laibe kühl aufbewahren.

In manchen Gegenden backt man das Hutzelbrot auch aus Hefeteig. Dazu einfachen Hefeteig zubereiten. Anstelle von Milch nimmt man das Früchte-Einweichwasser. Vorbereitete Früchte reinarbeiten, formen und backen.

# Fasnetszöpfe

**Zutaten für ca. 130 Stücke**

**2 Eier**
**75 g Zucker**
**1 Prise Salz**
**1/8 l Sahne**
**400 g Mehl**
**Kokosfett oder Öl zum Fritieren**
**Puderzucker zum Bestäuben**

Ob es sich um Fasching, Fastnacht, Karneval oder die schwäbische Fasnet handelt, überall, wo man die ausgelassenen Narrentage feiert, gibt es Gebäck. Typisch ist auch für dieses schwäbische Rezept, daß es in Fett schwimmend ausgebacken wird. Vielleicht deshalb, weil es durch den Fettgehalt eine gute Grundlage für Trinkfreudige ist.

Eier und Zucker mit der Prise Salz schaumig rühren. Sahne dazugeben und dann nach und nach das Mehl. Man muß den Teig gut kneten können. Falls er zu weich ist, bitte noch etwas Mehl zugeben.
Backbrett oder Arbeitsfläche mit Mehl bestäuben und den Teig 1/2 cm dick ausrollen. 12 cm lange, 1 cm breite Streifen davon abschneiden und zu Spiralen drehen. Zur Hälfte zusammenklappen, noch einige Male drehen, so daß Zöpfchen entstehen.
Ins heiße Fritierfett geben und bei etwa 180 Grad (es gibt Fritierthermometer, mit denen man die Temperatur messen kann) etwa 5 Minuten backen.
Mit dem Schaumlöffel aus dem Fritiertopf nehmen. Auf Haushaltspapier abtropfen lassen und noch heiß mit Puderzucker bestäuben. Abkühlen lassen. Ergibt etwa 130 Stück.

# Schillerlocken

**Zutaten für 8 Stücke**

**1 Paket Tiefkühlblätterteig (300 g)**
**Mehl zum Ausrollen**
**1 Eigelb**
**1 Eßlöffel Milch**
**50 g Hagelzucker**
**Für die Füllung:**
**1/4 l Sahne**
**1 Päckchen Vanillezucker**

Es mag sein, daß die lockige Haarpracht des großen Dichters Friedrich von Schiller jenen langen Locken den Namen gaben, die vor rund hundert Jahren kleine Mädchen und junge Damen zierten. Und in Anlehnung an diese anmutige Haarpracht wurde dieses zarte Gebäck benannt.

Um Schillerlocken backen zu können, braucht man Spezialformen aus Metall, die wie gedrehte Tüten geformt sind.
Blätterteig nach Vorschrift auftauen lassen. Auf bemehlter Arbeitsfläche 30 cm lang und 20 cm breit ausrollen. Damit sind sie doppelt so lang wie die Schillerlockenformen. Mit dem Teigrädchen in 8 Streifen von 2 cm Breite schneiden.
Schillerlockenformen mit kaltem Wasser abspülen. Die Teigstreifen von der Spitze her so um die Form wickeln, daß der Teigstreifen mit zwei Drittel eine Rundung bedeckt und das letzte Drittel schon auf der nächsten Rundung liegt. Dadurch überlappt der Teig.
Eigelb und Milch in einer Tasse verrühren. Schillerlocken damit bestreichen. In Hagelzucker wenden. Backblech mit Wasser befeuchten. Schillerlocken darauflegen. Auf die mittlere Schiene in den vorgeheizten Ofen schieben und bei 220 Grad 15 Minuten backen. Blech aus dem Ofen nehmen. Schillerlocken sofort von den Formen lösen. Auf einem Kuchendraht abkühlen lassen.
Sahne steif schlagen. Vanillezucker einrieseln lassen. Sahne in einen Spritzbeutel mit Sterntülle füllen. In die Schillerlocken spritzen.

# Nonnenfürzle

Nonnenfürzle sind keineswegs etwas Unanständiges, sondern ein ganz besonders leckers, duftiges Gebäck. Sie werden auch „Nonnenförtchen" genannt. Vermutlich ist der Grund für diese lustige Bezeichnung, daß Nonnen dieses Gebäck früher wohl am besten gebacken haben.

**Zutaten für 28 Stücke**

**1/4 l Wasser**
**1 Prise Salz**
**25 g Puderzucker**
**50 g Butter oder Margarine**
**25 g Speisestärke**
**abgeriebene Schale einer Zitrone**
**125 g Mehl**
**4 Eier**
**2 kg Kokosfett oder**
**2 l Öl zum Ausbacken**
**50 g grober Zucker zum Bestreuen**

Wasser zusammen mit Salz, Puderzucker und Fett aufkochen. Topf vom Herd nehmen. Das mit Speisestärke und Zitronenschale gemischte Mehl auf einmal reinrühren. Topf wieder auf den Herd stellen. Masse so lange rühren, bis ein Kloß entsteht und sich am Topfboden eine milchige Haut absetzt.
Teig in eine Schüssel geben. Sofort mit dem Handrührgerät ein Ei reinrühren. Teig 10 Minuten abkühlen lassen. Dann nacheinander die restlichen Eier unterrühren.
Kokosfett oder Öl in einem Fritiertopf auf 180 Grad erhitzen. Mit 2 Teelöffeln, die zwischendurch immer wieder in heißes Wasser getaucht werden, vom Teig kleine Kugeln abstechen. Immer vier Kugeln gleichzeitig ins heiße Fett geben. In drei Minuten rundherum knusprig braun ausbacken. Mit einem Schaumlöffel rausnehmen. Auf Haushaltspapier legen und sehr gut abtropfen lassen. Noch heiß mit Zucker bestreuen und servieren.

Etwas kalorienreicher werden die Nonnenfürzle, wenn man sie mit Marmelade füllt. Dazu eignen sich Orangen-, Zitronen-, Erdbeer- oder Kirschmarmelade.

# Horaffen

**Zutaten für 18 Stücke**

**Für den Teig:**
**500 g Mehl**
**50 g Hefe**
**150 g Zucker**
**1/4 l lauwarme Milch**
**1 Päckchen Vanillezucker**
**150 g Butter oder Margarine**
**2 Eier (Gewichtsklasse 4–5)**
**abgeriebene Schale einer Zitrone**
**1 Prise Salz**
**Mehl zum Formen**
**Margarine zum Einfetten**
**3 Eßlöffel lauwarme Milch zum Bestreichen**
**Für die Glasur:**
**200 g Puderzucker**
**5 Eßlöffel Arrak oder Rum**

Seinen ungewöhnlichen Namen verdankt das Hefegebäck der Sage nach einem unerschrockenen Bürgermeister der Stadt Crailsheim. Im Jahre 1379 war das Städtchen von Feinden belagert. Um sie zu erschrecken, soll der Bürgermeister – andere Überlieferungen sprechen von der Bürgermeisterin – sein nacktes, zu einem bärtigen Gesicht dekoriertes Hinterteil den Belagerern durch ein Loch in der Stadtmauer entgegengestreckt haben. Die feindlichen Krieger wollten es mit derart furchterregenden Gestalten nicht aufnehmen. Sie schrien voller Entsetzen „Horaffen", was soviel heißt wie behaarte Affen, und flüchteten Hals über Kopf. Der Erfolg dieser Aktion wird seitdem in Crailsheim mit gebackenen Horaffen jedes Jahr gefeiert.

Für den Teig Mehl in eine Schüssel geben. In die Mitte eine Mulde drücken. Hefe reinbröckeln. Mit etwas Zucker, der Hälfte der Milch und etwas Mehl zu einem Vorteig verrühren. Mit einem Küchentuch bedeckt 15 Minuten an einem warmen Ort gehen lassen. Restlichen Zucker, die restliche Milch, Vanillezucker, die weiche Butter oder Margarine, Eier, Zitronenschale und Salz dazugeben. Alles zu einem geschmeidigen Teig kneten. Zugedeckt noch mal 30 Minuten gehen lassen. Mit bemehlen Händen auf gut bemehlter Arbeitsfläche aus dem Teig etwa 10 cm lange daumendicke Rollen formen. Jede Rolle halbkreisartig biegen und je zwei Rollen so zusammensetzen, daß sie eine 3 bilden.

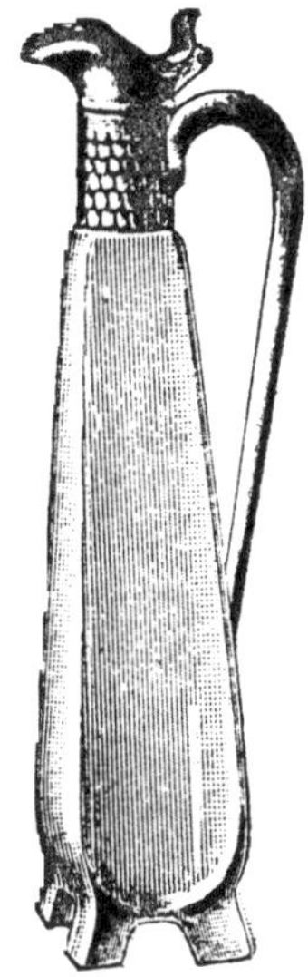

Auf ein gefettetes Backblech legen (genügend Abstand lassen) und noch mal 15 Minuten gehen lassen. Dann mit Milch bestreichen. Blech in den vorgeheizten Ofen auf die mittlere Schiene schieben und das Gebäck 30 Minuten bei 180 Grad backen. Die Teigmenge reicht für 2 Bleche.
Für die Glasur gesiebten Puderzucker mit Arrak oder Rum glattrühren.
Horaffen auf einem Kuchendraht noch warm mit der Glasur bestreichen.

# Bärentatzen

**Zutaten für 10 Stücke**

**1 Packung tiefgekühlter Blätterteig (5 Scheiben)**
**1 Eiweiß**
**3 Eßlöffel Himbeerkonfitüre**
**1 Eigelb**
**1 Eßlöffel Kondensmilch**

Blätterteigscheiben bei Zimmertemperatur 20 Minuten auftauen. Aus den Scheiben 8 × 8-cm-Quadrate schneiden. Teigränder mit Eiweiß bestreichen. Auf eine Hälfte der Teigplatte Konfitüre geben, die andere drüberklappen. Ränder andrücken. In gleichmäßigen Abständen 1 cm tief einschneiden.
Eigelb mit Kondensmilch verrühren. Bärentatzen damit bestreichen. Im vorgeheizten Ofen bei 220 Grad 15 bis 20 Minuten backen.

# Springerle

**Zutaten für ca. 100 Stücke**

**4 Eier**
**500 g Puderzucker**
**1 EL Rum**
**1 Prise Hirschhornsalz**
**abgeriebene Schale einer Zitrone**
**1 Prise Salz**
**500 g Mehl**
**Mehl zum Ausrollen und Bestäuben**
**Margarine zum Einfetten**
**2 Eßlöffel Anissamen**

Springerle sind ein urschwäbisches Weihnachtsgebäck, und ihr gutes Gelingen ist in jeder Familie Ehrensache. Zum Backen werden alte Holzmodeln verwendet, die von Generation zu Generation vererbt wurden.

Eier und Zucker 20 Minuten schaumig rühren. In Rum aufgelöstes Hirschhornsalz, Zitronenschale und Salz dazugeben. Mehl unterrühren. Den Teig gut durchkneten. 3 Stunden zugedeckt im Kühlschrank ruhen lassen.
Arbeitsfläche mit Mehl bestäuben. Teig darauf 7 mm dick ausrollen. Bemehltes Holzmodel darauflegen. Fest andrücken. Wiederholen, bis die ganze Teigfläche bedruckt ist. Teig ringsum abschneiden oder abrädeln. Mit einem Messer aufs gefettete, dünn mit Anis bestreute Backblech setzen. Mit einem Küchentuch bedeckt an einer kühlen Stelle 12 Stunden stehen lassen.
Plätzchen in den vorgeheizten Ofen auf die mittlere Schiene schieben und 30 Minuten bei 160 Grad backen. Die Springerle müssen weiß bleiben und gleichmäßig hoch werden. (Eventuell nach 15 Minuten Backzeit mit Pergamentpapier bedecken.)
Blech aus dem Ofen nehmen. Jedes Plätzchen mit einem Pinsel von Mehlrückständen befreien.

Wenn Sie die Springerle zu Weihnachten essen wollen, sollten Sie sich mindestens drei Wochen vor dem Fest ans Backen machen und sie in verschlossener Blechdose kühl und trocken aufbewahren.

# Schwäbische Leckerle

Das besondere an diesen Plätzchen sind die Gewürze und das Bier, mit dem sie bestrichen werden. Das Bier macht sie ein bißchen herb und interessant.

Butter mit Eiern, Farinzucker und Salz in einer Schüssel sehr schaumig schlagen. Muskat, Nelken, Piment und Zimt reinrühren. Mehl mit Backpulver mischen. Etwas davon in die Butter-Eier-Zucker-Masse rühren. Restliches Mehl einkneten. Teig 30 Minuten in den Kühlschrank stellen.
Backblech oder Arbeitsfläche mit Mehl bestäuben. Teig darauf etwa 1/2 cm dick ausrollen. Runde Plätzchen ausstechen. Dünn mit Bier bestreichen und mit Hagelzucker bestreuen. Auf ein gut gefettetes Backblech mit genügendem Abstand legen. In den vorgeheizten Ofen auf die mittlere Schiene schieben und die Leckerle 20 Minuten bei 200 Grad backen.
Rausnehmen. Vom Blech lösen. Auf einem Kuchendraht abkühlen lassen.

Wenn Sie einmal keinen Puderzucker im Haus haben, hilft ein Trick: Sie können Zucker in der gut gesäuberten Kaffeemühle fein mahlen und als Puderzucker-Ersatz verwenden.

**Zutaten für ca. 130 Stücke**

**125 g Butter**
**4 Eier**
**500 g Puderzucker**
**1 Prise Salz**
**1/2 Teelöffel geriebene Muskatnuß**
**1/2 Teelöffel gemahlene Nelken**
**1/2 Teelöffel gemahlener Piment**
**2 Teelöffel gemahlener Zimt**
**600 g Mehl**
**1 Päckchen Backpulver**
**Mehl zum Ausrollen**
**5 Eßlöffel helles Bier**
**150 g Hagelzucker**
**Margarine zum Einfetten**

# Rezeptverzeichnis



Der Mosaik-Verlag ist ein Unternehmen der Verlagsgruppe Bertelsmann


Satz: Filmsatz Schröter GmbH, München
Druck und Bindung: Mohndruck, Graphische Betriebe GmbH, Gütersloh
Printed in Germany
ISBN 3-576-10484-4